Theodor Peter Kohpeiss

MankoMacher

Die Verhinderung von:
Inventurdifferenzen

Sachbuch

1. Auflage 2013
Texte:
Copy Right © 2012 alle Rechte by Theodor
Peter Kohpeiss, Prenzlau
Bilder:
Copy Right © 2012 alle Rechte by Karl Friedrich
Krohn, Wiesbaden
Titel- Bild:
Karl Friedrich Krohn, Wiesbaden

Printed in Germany
ISBN: 978 384 822 291 9
Herstellung und Verlag: BoD - Books on Demand,
Norderstedt

Als Unternehmensberater habe ich von 1980 bis 2008 im Bau- Drogerie- und Lebensmittel Einzelhandel, auf der Klein- und auf der Großfläche geholfen, diesem Phänomen auf die Spur und dessen Existenzbedrohende Folgen garantiert um 50% zu senken.

Damals standen Zigaretten noch in offnen Regalen irgendwo im Markt.
Die Regale selbst immer in der falschen Blickrichtung.
Ungesicherte Kartons gab es in Hülle und Fülle.
Magnet-Sicherungs-Streifen waren noch nicht erfunden
Der Beruf Marktdetektiv noch nicht erfunden
Die Industrie hatte noch überhaupt kein „Verhinderungsbewusstsein".
Der Handel entwickelte erst ganz zögerlich sein „Gewinn- Optimierungs- Bewusstsein". Dann aber hatte das „Erwischen" absolute Priorität, mit all seinen rechtlichen Problemen

Die produzierende Industrie hat enorm dazugelernt, heute:
>ist –fast- jeder Artikel „eingebliestert";
>die Verpackungen sind „umpacksicher" geworden,
>Zigaretten sind an die Kasse gewandert und dort „eingegittert",
>die Regale werden „Blicksicher" aufgebaut.

Obwohl auch meine Firma *instruct* neben vielen Anderen, die Diebstahlsmöglichkeiten, die zwangsläufig zur Inventurdifferenz führen, immer weiter einschränkten,
-obwohl das produzierende Gewerbe ihre Artikel immer Diebstahlssicherer gestalteten,
-obwohl die Ladeneinrichtungen sich dem immer besser anpassten,
-obwohl die Mitarbeiter immer stärker sensibilisiert wurden,
-obwohl die in Computer- und Kassensystemen bestehenden Sicherheitslücken mehr und mehr ausgemerzt wurden,
>sind die Inventurverluste 2011 auf dramatische **3,8 Milliarden Euro** geklettert.
Diese Zahl ist zweifellos stimmig.
Unstimmig dagegen ist und wird folgendes bleiben:

>>heute wie damals, klafft zwischen dem angezeigten Diebstahl und dem Vermuteten eine gewaltige Lücke, die sogenannte *Dunkelziffer,*

>>heute wie damals, hat die sogenannte *Schadensbegrenzung* Priorität, *(geständige*

Mitarbeiter werden nicht angezeigt, mit relativen
Zeugnissen in die nächste „Firma" verschoben)

>>heute wie damals, wird der ehrliche Kunde, der
ehrliche Mitarbeiter durch Überwachungssysteme in
seiner Handlungsfreiheit eingeschränkt,

>> heute wie damals, gilt die uralte russische
Weisheit- *„wie der Herr, so`s Gescherr",*
(Negative Eigenschaften des Chefs lassen sich
immer an seinen Mitarbeitern nachweisen)

>>heute wie damals vertrete ich die Position:

> nur aufgeklärte, informierte, wissende,
> menschenwürdig geführte,
> ehrlich bezahlte Mitarbeiter,
> identifizieren sich mit ihrer Arbeit,
> erziehen andere dazu,
> eigenes negatives Tun
> in einen anderen Markt zu verlagern.
> Aber auch dort sollte gelten:
> *das 7. Gebot:*
> *Du sollst nicht stehlen*

In meiner fast 30 jährigen Trainingstätigkeit
„Verhinderung von Inventurdifferenzen" in allen
großen und kleinen deutschen Konzernen *(die eine
Ausnahme: ALDI- Nord und Süd)* zeigte sich
schon bei der Auftragserteilung:
hier gibt es ein Führungsproblem.

Schlecker hat es leidvoll erfahren müssen: du
kannst, wenn du es kannst, noch so viele Filialen,

auch weltweit, eröffnen – löst du dein Führungsproblem beim Mitarbeiter nicht, löst sich deine Firma auf.

Ich will und werde *den Finger auf jede Wunde legen.*

Das ist meine Motivation für dieses Buch

.

Mein herzlicher Dank
gilt dem ehemaligen Chefgrafiker der Lufthansa –
Kunstpreisträger der Stadt Bad Soden –
Karl Friedrich Krohn, Wiesbaden,
der nur nach meinen Schilderungen
die eindringlichen Bilder dieses Buches schuf.
(1987 für meine Präsentationsmappe)

Kunden – Freundliches - Verhalten
und doch
Inventurdifferenzverluste verhindern.

Leider, müssen wir dazu zuerst ein wenig THEORIE büffeln:

Was ist eine Inventurdifferenz?

Eine Inventurdifferenz ist der Unterschied zwischen dem Buch- Soll und dem Waren- Ist Bestand.

Der Wareneingang sagt:
Ja, wir haben laut Lieferschein kontrolliert 10 Dosen erhalten, diese 10 in den Laden gebracht. =
WAREN- IST

Der Kassentagesbericht sagt:
Ja, die Kassen haben den Verkauf von 10 Dosen registriert =
BUCH- SOLL

Alles OK.
Alle Arbeitsplätze sind sicher, bleiben erhalten.

Was bedeutet eine Inventurdifferenz?

Wir haben eine Inventurdifferenz, wenn zwischen dem Waren- EINGANG und den Kassenbelegen, Waren- AUSGANG, eine Lücke klafft:
1 Dose fehlt.
Warum fehlt die und was bedeutet das?

1. Für den Unternehmer eine Gewinnschmälerung
2. Für den Arbeitnehmer: Arbeitsplatz- Risiko.

Unternehmer- Gewinn:
DEN wollen alle. Klar. Auch der Unternehmer. Auch klar, den kalkuliert der ja ein.
Zwischen Einkaufspreis und Verkaufspreis liegt die Spanne, auch KALKULATION.
Auf jeden Artikel den der Unternehmer verkaufen will, berechnet der die sogenannten anteiligen Kosten incl, seines Gewinns, schlägt die auf den Einkaufspreis und hat dann den Verkaufspreis.

Gewinn: % Anteil
Zuerst einmal kann der Unternehmer seinen Gewinn %- Anteil frei kalkulieren:
Eine Dose kostet im Einkauf € -,89. Gewinn davon soll betragen 50% = € -,44 - alle anderen anteiligen Kosten= € -,10.
Die Dose kostet hier bei uns also im Verkauf € 1.49.
Alles paletti.
NUR: in den anderen Läden um uns herum, die auch diese Dose verkaufen, kostet die: € -,98.
Unsere Kunden laufen da hin und kaufen dort.
Wir machen keinen Umsatz, wir verlieren unseren Arbeitsplatz, weil der Unternehmer pleite geht.
Will ja aber keiner.

Die Kalkulation muss folglich Branchen- und Ortsüblich sein.
Also bleiben die anteiligen Kosten, die € -,10 bestehen. Vielleicht kann der Unternehmer am Einkaufspreis noch etwas „drehen": der Produzent verkauft ihm die Dose für € -,88. Den 1 Cent gibt der an die Kunden weiter:

jetzt laufen die alle zu uns und kaufen bei uns. Arbeitsplätze sind sicher.

ABER:
der Unternehmer macht hierbei keinen Gewinn: kann also keine Investitionen leisten, unser Geschäft sieht plötzlich wie ein Kramladen aus, die Kunden laufen uns weg.
Unser Arbeitsplatz ist futsch.

Der Unternehmer <u>MUSS</u> folglich Gewinn machen!
Wie hoch dieser ist? IMMER noch das große deutsche Geheimnis.

Wir aber können ja rechnen:
Einkaufspreis unserer Dose war € -,88. Bei uns im Verkauf € -,97. Ziehen wir die anteiligen Kosten, das sind auch unsere Gehälter, ab *die -,10 €C -,* bleiben als Gewinn: gar nichts, 00,00 €-Cent.

Genau, es fehlen jetzt bei jeder verkauften Dose sogar noch 1 €C.
Trotz unseres guten Umsatzes, wirft unser Laden nicht nur keinen Gewinn ab, wir schreiben Miese, wir verlieren unseren Arbeitsplatz.

Damit das nicht geschieht, gibt der Unternehmer NICHT den kompletten Einkaufsgewinn an den Kunden weiter, sondern von diesem 1-€C nur 98%, rechnerisch funktioniert das, als Gewinn bleiben übrig € 0,002%.
SO kaufen heute Unternehmen - zumindest die Discounterbranche - ein: die DRITTE Kommastelle wird verhandelt.

Bei dem heutigen Marktpreiskampf rettet sich der Unternehmer in die „MISCHKALKULATION", die ebenfalls sich der DRITTEN Kommastelle bedient.

Es wird mit einer Gewinn- Spanne kalkuliert zwischen 0,0 bis 1,2 %.

Nun lauf nicht gleich los und veranstalte eine Spendenaktion für notleidende Unternehmer. Aldi und Lidl (Dieter Schwarz) sind die reichsten Leute in Deutschland. Es bleibt also genug für die „hängen", wenn, ja wenn die INVENTURDIFFERENZ nicht wäre.
Schlecker hat es ja gezeigt.
Gerade in den erwähnten Handelsbereichen kann dieser Verlust solche Dimensionen annehmen, dass die Pleite unausweichlich ist.

Wir wollen noch einmal rechnen:
Dein Laden macht einen Jahresumsatz:

€ 2.000.000.oo

Der Gewinn: *bei 1% im Jahr:*

€ 20.000.oo

Die Inventurdifferenz: *0,3% im Jahr*

€ 6.000.oo

Dein Unternehmer arbeitet folglich 3,5 Monate „umsonst".
Würdest Du dreieinhalb Monate auf Deinen Lohn verzichten?

Und was passiert, wenn die INVENTURDIFFERENZ bei **1**,3 % liegt?

Der Unternehmer macht keinen Gewinn, sondern hat obendrein noch € 6.000.oo Schulden.
Wenn die Bank ihm keinen Kredit mehr gibt, zahlt der dir deinen Lohn nicht. OK?

Der EHI- Studie zufolge, summierten sich 2011 die Inventurverluste im deutschen Einzelhandel auf - **3,8 Milliarden €.**

Wie entsteht eine Inventurdifferenz.

Das ist ganz einfach:
es gibt nur diese 4 Hauptursachen:
>   Kunden-,
>   Personal-,
>   Lieferanten Diebstahl
>   und Organisations-Mängel.

Wichtig ist:
wie verteilen sich diese Verluste prozentual in diese 4 Bereiche?
Die EHI- Studie: *Hiervon verursachen unehrliche Kunden rund 1,9 Milliarden Euro, den eigenen Mitarbeitern werden 800 Millionen angelastet.*

Tatsächlich wird auch heute noch – wie vor 30 Jahren auch schon - der Kundendiebstahl- aus taktischen Gründen deutlich zu hoch angesetzt.
Die EHI- Studie definiert:

Kundendiebstahl   = 50 %
EHI: meldet für 2011 polizeilich erfasste Laden Diebstähle: 385.463.

Jeder von denen muss also, rein rechnerisch, Waren im Wert von ca. 5.000.oo Euro geklaut haben.
Völliger Unsinn!

Personaldiebstahl = 20 %
EHI: meldet für 2011 **keine** Zahl über angezeigte Diebstähle durch Personal.
Völliger Unsinn!

Lieferantendiebstahl = 10%
EHI: meldet für 2011 **keine** Zahl über angezeigte Diebstähle durch Lieferanten, Vertreter, Servicekräfte.
Völliger Unsinn!

In den 1985 Jahren konnte meine Firma mit einem renommierten deutschen Backwarenhersteller (Lieferanten) einen Vergleich in Höhe von 1.450 Millionen DM schließen.

Organisationsmängel = 20 %
EHI: kann hier <u>keine</u> gemeldete Zahl definieren, weil es diese Zahl einfach nicht gibt.
Es gibt für niemanden eine Veranlassung diesen innerbetrieblichen Fehler irgendwohin zu melden.

Zum Glück haben wir ja noch die *sogenannte* Dunkelziffer, über die wird hochgerechnet!

Ich ging damals und gehe heute davon aus:

Kundendiebstahl =	30%	€ 1,14 MLRD
Personaldiebstahl =	30%	€ 1,14 MLRD
Lieferantendiebstahl =	30%	€ 1,14 MLRD
Organisationsmängel =	10%	€ 380 MIO

Den relativ hohen Kundendurchlauf gleicht das Personal durch tägliche Anwesenheit und Kenntnis aller Marktvorgänge aus.

Der deutlich geringeren Anzahl anwesender Lieferanten steht ein deutlich höherer Diebstahlswert gegenüber.

Funktionierende innere Kontrollsysteme lassen nur diese Organisationsmängel zu.

Auch heute ist unbezweifelt:
Ca. 90% der Verluste entstehen also durch:
Diebstahl!

Ob es uns gefällt, oder nicht:
JEDER hat schon einmal geklaut:
>den zuviel erhaltenen € NICHT zurückgebracht.
>die probierte Weintraube NICHT bezahlt.
>den versehentlich im Korb gebliebenen Artikel
 NICHT bezahlt.
>den in einer Verpackung gefundenen Fremdartikel
 NICHT zurück gebracht
>den Verkäuferirrtum NICHT korrigiert.
Wir verkünden vielleicht sogar stolz: *„ha, ich habe heute vielleicht ein Schnäppchen gemacht".*

Auch hier lasst uns einmal rechnen: ca. 40 Millionen Deutsche kaufen ca. 3x wöchentlich Lebensmittel und lassen dabei nur beim sogenannten *PROBIEREN* € o, o5 *mitgehen.*
Im Jahr entstehen so 60 Millionen € Verlust.
NICHT korrigierte *IRRTÜMER* schlagen mit € --.10 zu Buche= 120. Millionen Verlust.

Absichtsloses, unbewusstes Verhalten führt also jedes Jahr zu Verlusten von 180 Millionen Euro.
Leute, bleibt ehrlich.

Das Strafgesetzbuch ist da ganz eindeutig:

„Die Wegnahme einer Sache –
(die Größe, oder der Wert ist hier richtigerweise NICHT definiert)
ohne Bezahlung (Einverständnis)
ist Diebstahl".

Im Gesetzbuch steht gar nichts von Irrtum, Versehen, nicht gemerkt, vergessen. Ich muss doch wissen was ich kaufe.
OK?

Legen wir los –
Kunden- Diebstahl
Welcher Kunde bestiehlt uns:

Professionelle Täter = 10%
Deren WERT- Anteil liegt allerdings bei 20% - 30%.
Der klaut gleich die ganze Dosen – Palette.

Es wird immer noch darüber gestritten, ob hier hinein auch die *Kleptomanen* gehören.

Laien- Diebe = 90%
der ganz normale Kunde, so wie du und ich,.
Die klauen 70 - 80% des Gesamt- Wertes –
Kundendiebstahl.

Gibt es einen speziellen TÄTER Typ?
Nein.

Die Täter kommen aus allen Schichten der Bevölkerung.
Erinnert Euch wie viele Prominente durch ihre Diebstähle durch das Fernsehen geisterten.
Es stehlen Jung und alt, Arm und Reich, Gebildet und Ungebildet, Männer und Frauen und deren Kinder.
Wobei es, je nach Geschäftstyp, sicherlich unterschiedliche Schwerpunkte gibt.

Wie entsteht dieses Manko:
Das Internet antwortet: das Wort *Manko* stammt von dem lateinischen *mancus* ab, das so viel wie gebrechlich, schwach, unvollständig und fehlerhaft bedeutet. Dieses Wort hat sich aus der italienischen in die deutsche Kaufmannsprache eingebürgert: hier steht dieses Wort für: *ein erhebliches Defizit.*

Wie wir inzwischen wissen durch Diebstahl. Schauen wir uns diesen Diebstahl durch unsere Kunden einmal an:

es gibt vier Methoden:
-der direkte Zugriff
-der indirekte Zugriff
-das Umpacken
-die Manipulation

Jetzt werden wir uns JEDE Methode ganz genau anschauen.

Manko — macher

Direkter Zugriff

Anfänglich eine völlig normale Situation – auch dieser Kunde steht vor „seinem" Regal und packt das ein, was er einkaufen will.
In seinen Einkaufskorb, -wagen.

Aber eben nicht nur:
den einen und/oder anderen Artikel eben nicht in den Einkaufswagen, sondern –nach einem kontrollierenden Rundumblick- DIREKT aus dem Regal zum Beispiel in:

die:
     Hosentasche
     Handtasche
     Socken
     Unterhose.
den:
     Regenschirm
     Kinderwagen
     Gürtel
     BH

unter den/die:
     Hut
     Perücke
     Mütze

Die Vermutung dass diese Art des Diebstahls eher *spontan* geschieht, kann zutreffen. Ist aber für uns völlig unerheblich.

manko—macher

Hierbei will der Dieb sein Risiko, bei seinem Diebstahl gesehen zu werden, auf das geringste Risiko minimieren:

Er sortiert seinen gesamten Einkauf in seinen Korb oder Wagen. Dann sucht er sich den Ort, an dem nur noch von einer Seite ein Kunde oder Mitarbeiter ihn beobachten könnte.

Hier kann der Dieb in *relativer Ruhe und Sicherheit* Die gleichen Aktionen vornehmen wie schon beschrieben im*: (direkter Zugriff)*

Ausschließlich hier kommt der sogenannte *Polen- oder Zigeunertrick* zum Einsatz:

> dafür angefertigte Unterwäsche oder Gürtel nehmen eine Vielzahl, der zu stehlenden Artikel auf.

Manko–macher

Umpacken

Hier in seiner *sicheren Ecke* hat er auch die Zeit diese Form des deutlich zeitaufwändigeren Diebstahls vorzunehmen.

Hier gibt es viele Varianten:

>der zu stehlende Artikel wird in der Verpackung eines anderen Artikels versteckt.
>der teure Diebstahlsartikel wird in der Verpackung eines billigeren, des gleichen Produktes versteckt.

Diese Varianten erfordern schon mehr Nerven und Marktkenntnis.

Wir können dies

schon erhöhte „kriminelle Energie" nennen.

Nach einer wissenschaftlich, psychologischen Studie weisen alle Berufe mit einem rechtlichen Hintergrund eine deutliche Näherung dahin auf.

In Karlsruhe passierte mir folgendes: der Reißverschluss meiner Vorlagemappe ging kaputt. Ich brauchte dringend eine Neue.

Im 2. Schreibwarengeschäft fand ich exakt die gleiche Mappe, ausgepackt, im Regal liegend. Ich schnappe mir die, öffne sie nicht, ich weiß ja wie die drinnen aussieht und ab zur Kasse.

Dort jedoch wird diese Mappe geöffnet und darin liegen 5 in Worten fünf Pelikan Füllfedern in ihrer edlen Lederumhüllung.

Stückpreis so um die DM 100.oo.

Freundlichst erklärt mir die kassierende Eigentümerin **IHRE** Schuld: *„nach einem Testkauf*

habe ich vergessen die hier rauszunehmen". Nach meinem Kundentermin habe ich ihr noch einen Blumenbesuch abgestattet.
Der Chef erklärt mir: *die DM 500.oo habe ich schon als Inventurverlust abgebucht.*

Manipulation:
Deckel- Tausch:
Sollte das Preisetikett immer noch auf dem Deckel platziert sein, obwohl die Deckel bei dem Teuren und dem billigen Artikel die gleiche Passform haben, lässt es sich herrlich tauschen.

Preisschild- Tausch:
Auch bei den heutigen „dreiteiligen" Preisschildern möglich:
ein nicht korrekt geklebtes billiges Preisschild abziehen und damit ein teures Preisschild überkleben.

Kasten- Trick:
2 offene Coladosen Kartons übereinander, wobei im Unteren die 6 Inneren entfernt und durch Whiskey/ Cola Dosen ersetzt werden.
Sprudelwasser wird ersetzt durch Korn- oder Wodkaflaschen, wenn die OBERE Deckelfarbe stimmig ist.

Verzehr im Markt
Nicht nur Betrunkene oder Kleinkinder bedienen sich dieses Tricks.

manko— macher

Unterer Einkaufswagen

Ein freundliches, unverfängliches Gespräch soll die Kassiererin davon ablenken einen Blick in den Einkaufswagen zu werfen.

Hier werden teure Artikel abgelegt.
Der Dieb hofft darauf, dass dies an der Kasse unbemerkt bleibt.

Kleine, aber teuere Artikel werden <u>unter</u> größeren, billigeren versteckt.

Entsprechend passende Artikel werden in den Gitterboden gepresst, hängen also UNTER dem Wagen.

manko—macher

Offener Diebstahl

Hand- Klau:
In der das Geld reichenden Hand wird der Diebstahlsartikel gehalten.

Die Zeitung wird unter der Achsel *in Besitz* genommen.

Offener Diebstahl
Bei meinen Analysen musste ich selbstverständlich selber zum Dieb werden. Leider. Immer war ich vor Nervosität „durchgeschwitzt". Natürlich im Auftrag und mit Wissen der Chefs. Immer im ganz normalen Anzug, Schlips und Kragen. Am Bodensee einmal unter Aufsicht der Chefs, hinter der verspiegelten Kassenbüroscheibe.
Mit zwei (2) hoch voll mit Elektroartikeln beladenen Einkaufswagen stehe ich vor den sich in meine Richtung öffnenden automatischen Einlassschranken. Ein auffordernder Blick zur nächst sitzenden Kassiererin reichte, um diese zur Daueröffnung zu animieren. Soweit wäre das ja noch im Sinne Kundenfreundlichkeit ok, das diese Kassiererin aber NICHT die Kassenaufsicht herbeigerufen hat - ??
Damals noch in DM, ein Diebstahlswert von gut 3.000.oo.

Funktioniert noch besser mit einem Blaumann bekleidet und mit einem *„offiziellen"* Papier herumwedeln.

Sicherlich hast du auch schon das eine oder andere gehört, vielleicht sogar selbst erlebt, wie ein Kunde, Ware gestohlen hat.

Sprecht miteinander darüber. Tauscht eure Erfahrungen aus. Je mehr jeder über solche Diebstähle weiß, umso schwerer fällt es Dieben erfolgreich zu sein.

Manko-macher

Zeitschriften und Zeitungen

In einer Zeitung kann ALLES versteckt werden, was
dünn und leicht und teurer als diese ist:

> die Nagelfeile
> der Groschenroman
> die Illustrierte
> das Magazin
> die Gewürztüte

im Baumarkt weit lukrativer:
> teuerste Feilen
> kleine Schleifscheiben

die Zeitung selbst-
> unter den Arm
> aus der Manteltasche heraus steckend
> ebenso aus der Aktentasche

manko-macher

Umtausch (umherliegende Kassenbons)

Kassenbons: die **nicht** unmittelbar fortgeräumt werden.

Variante 1:
Der Kunde sucht einen solchen Kassenbon mit dem Preis eines teuren Champagners, Cognacs, oder Whisky, geht mit leeren Händen in den Markt, nimmt sich hier eine gleich teure Marke, behauptet an der Kasse, er hätte die versehentlich genommene Marke nur getauscht.
Zeigt „seinen" Kassenbon: alles stimmt: Datum, Uhrzeit, Betrag, Kassennummer.
Euer Markt hat hier keine Chance. Eure Ermahnung dass er sich *vorher* hätte melden müssen, wird er mit einer Entschuldigung akzeptieren.

Variante 2:
So lässt sich –wenn der Kunde hart genug bleibt-, auch eine Barauszahlung erzwingen. Bon und Ware sind noch im Markt und stimmen überein.
Jetzt muss nur noch sein Argument für die Barauszahlung überzeugend sein.

Variante 3:
Der Kunde sucht sich einen solchen Kassenbon mit einer Vielzahl gemischter Artikel, belädt seinen Einkaufswagen entsprechend, fügt *einen preiswerten* Artikel hinzu.
An der Kasse wird er behaupten, diesen Artikel „vergessen" zu haben, sei dummerweise mit dem vollen Wagen in den Markt gefahren um seinen Irrtum zu korrigieren.

Zeigt „seinen" Kassenbon: alles stimmt: Datum, Uhrzeit, Betrag, Kassennummer.

Dein Markt muss entsprechend handeln.
Eure Ermahnung, VORHER die Kasse/Marktleitung zu informieren, wird er entschuldigend akzeptieren.

Zugegeben: dazu gehört schon eine starke Portion Dreistigkeit, aber wenn wir den Anfängen nicht wehren, dreiste Diebe gibt es viel mehr als wir denken.

manko macher

Gruppendiebstahl – Schüler

Jeder Markt, der in der Nähe einer Schule liegt, kennt das Problem: *große Pause!*

Ob die Schüler
      -sich verabredet haben oder nicht
      -minderjährig sind oder nicht
      -spontan oder geplant handeln

Dieser Vorgang wiederholt sich jeden Tag. So viele kontrollierende Augen gibt es in keinem Markt.

Noch verlustreicher, obwohl dies nicht jeden Tag geschieht, ist der organisierte Gruppendiebstahl durch Erwachsene.
Immer mit dem gleichen Prinzip: eine kleine *ablenkende* Gruppe, die, die alle Blicke, alle Aufmerksamkeit auf sich zieht und damit der klauende Gruppe alle Möglichkeiten eröffnet.

Das Dreisteste erlebte ich in einem PENNY- Markt auf der Hamburger Reeperbahn.
KEIN Rassismus, sondern FAKT, weil es genau so geschah:
eine Gruppe Zigeuner bewegt sich im Markt. Eine von denen verlangt ihren Toilettengang. Das wird ihr verwehrt, die Toilette ist nur durch den Personalaufenthaltsraum zu erreichen. Sie erledigt ihre Notdurft, ihr GROSSES Geschäft mitten im Markt.
Während der folgenden irrwitzigen Aufregung verschwinden alle anderen Mitglieder unkontrolliert aus dem Markt. Der komplette Regalbestand „Weinbrand" ist auch weg.

Die „Scheißende" war natürlich „sauber" und hatte mit den anderen selbstverständlich gar nichts zu tun, kannte die überhaupt nicht.

manko ——
macher

Leergut

1-Der Sprudelkasten:
Hier werden jedoch alle Innenfächer mit dem eigentlich Wegwerfartikel GLAS- Kornflasche zu Geld gemacht.

2-Der Bier Turm:
2-3 oder mehr Kisten werden übereinander gestapelt. Ab der zweiten Kiste bleiben alle Innenfächer aber leer.

Eine so großartige Gelegenheit ließen sich viele Chemnitzer 1990 nicht entgehen.
Jeden Dienstagnachmittag stellte das Lager ihr abzuholendes Leergut, ebenerdig, ungesichert neben die WE- Tür, aber auch direkt neben die Kundenausfahrt.
Auch ich musste mich in die Autoschlange einreihen. Konnte so beobachten, wie der eine oder andere Wagen anhielt, der jeweilige Fahrer/ Beifahrer ein oder zwei Kisten seinem Kofferraum einverleibte.

Geld Diebstahl an der Kasse.

Heute wie damals ist es selbstverständlich und richtigerweise verboten, dass der Mitarbeiter seine Familie und/oder Verwandte, Freunde abkassiert.
Bei der heutigen dünnen Personaldecke ist dies unter Umständen aber gar nicht zu vermeiden.
Heute immer noch ein hochbrisantes Thema, dass auch heute noch gerne „verschwiegen" wird.

Erschwerend kommt hinzu, dass die Ablageflächen, Rollbänder, deutlich schmaler, die Kassentische klitzeklein und abgeschrägt geworden sind, schnellerer Kassendurchlauf.
Obwohl dadurch die Kassenlade deutlich sicherer, weil abgewandter vom Kunden platziert werden konnte.

Die Probleme des Bargelddiebstahls durch Professionelle haben sich jedoch dadurch sogar noch verschärft:
Der *Ablenker* oder *Berührer* kommt heute viel näher an den Kassierer heran. Sein zwangsläufiger Körperkontakt wirkt dadurch natürlicher, viel weniger auffällig.
Der *Greifer* überwindet bei seinem Vorbeugen zum Griff in die geöffnete Lade viel weniger Abstand. Auch wenn die großen Scheine rechts in der Lade sortiert sind.
KEINER dieser Profis wird diese komplette Lade ausräumen. Das Fehlen ALLER solcher Scheine würde sofort auffallen und unter Umständen die Flucht unmöglich machen.

Du, der du an der Kasse sitzt, hast dich leider an die unmittelbare Nähe des/der Kunden gewöhnt.
Du, der du hinter der Einwegscheibe sitzt, hast dich an dieses Kassenbild ebenfalls gewöhnt.
Du, der du als Kunde in der Warteschlange stehst, wirst gar nichts bemerken.

Erst bei eurer Kassenabrechnung wird die hohe, glatte Kassendifferenz offensichtlich.

Und immer wird der betroffene, kassierende Mitarbeiter „verdächtigt"
(siehe Personaldiebstahl)

Ist die Tür zur Warenannahme erst einmal geöffnet, steht sie im Grunde für JEDEN Dieb offen.
Auch Kunden benutzen diese als Ein- und Ausgang.
Jeder LIEFERANT sowieso.

Bei meinen Spätkontrollen fiel mir bei einem Bremer Großmarkt endlich der rote Kleinwagen auf, ziemlich abseits geparkt. Der Warenleiter gab dann zu sein Diebesgut in diesen –seiner Frau gehörenden Wagen- transportiert zu haben.

Ich selbst habe dieses offene, unbewachte Tor 3mal benutzt um meinen Kofferraum zu füllen.
Bei der Kontroll- Rückgabe dieses Leasingfahrzeuges, gut ein Jahr später, wurde ein schwarzes Nagel- Necessaire entdeckt.

In Glückstadt war eine ganze Familie Eigentümer eines Klein-Marktes. Jeder von denen kam morgens und ging abends durch diese Tür.

In Karlsruhe habe ich als *angeblicher Geschäftsführer*, über eine *Rückholaktion,* ALLE Radios, mit tragender Hilfe des Wareneingangleiters, in meinen Kofferraum transportiert.

Aus verschiednen Gründen kam und kommt es auch heute noch zu Lieferantenstaus. Oft erlebte ich einzelne Fahrer, die ihre Wut über diese Verzögerungen, lautstark äußerten.
In Chemnitz, gerade aus *Karl Marx Stadt* umgetauft, schaffte es einer von denen, dass die

gesamte Lagermannschaft ihm half seinen Anhänger LKW zu entleeren.

manko macher

Feinkontrolle

46

Es ist so wie zu Hause, wenn endlich die erwartete Sendung von EBAY oder von QUELLE kommt.
Voll erwartungsfreudiger Spannung wird das Paket geöffnet:
>ist alles mitgekommen;
>in der bestellten Größe, Menge, Farbe;
>sind die notwenigen Kleinteile dabei;
>funktioniert alles
und stimmt das alles mit der Rechnung überein.

Welche Aufregung und anschließender Ärger, wenn etwas NICHT oder falsch geliefert wurde.

In deinem Geschäft gibt es diese Spannung allerdings nicht.
Hier ist die sogenannte Feinkontrolle müßige Pflicht geworden, auch weil es –zugegeben- langweilig ist jeden Montag- und/oder jeden Morgen den Joghurt mit dem Lieferschein nach Stückzahl und Frischedatum abzugleichen.

So mühselig ist es dann, die neue Ware HINTER die Alte ins Regal zu sortieren.

ABER:
zu Hause würdest du auch nicht sagen, scheiß drauf, dann fehlt eben der Ärmel am Pullover!

manko macher

Lieferantendiebstahl

Um seine Provision zu erhöhen, kann ein Lieferant, ein Vertreter, eine Servicekraft sein eigenes Produkt:
>preiswerter auszeichnen, um damit den Umsatz, seine Provision zu erhöhen;
>aus dem gleichen Grund - eben nicht die bestellte Liefermenge einzusortieren, mit dem Nebeneffekt, DIESE Ware kann er dann vielleicht einem befreundeten Kioskbesitzer verkaufen.

Mit meinen vielen Autobahnkilometern waren –ganz klar- auch entsprechende Pinkel- und/oder Rauchpausen verbunden.
Aufgefallen sind mir die beiden Kleintransporter des gleichen Süßwarenherstellers sofort.
Anfänglich fand ich auch eine Begründung für ihr eifriges Waren- Hin- und Her- getrage.
Zufällig führte mich mein Weg an deren Logistik Zentrum vorbei. Mein Gespräch mit dem dortigen Geschäftsführer ergab letztlich:
Die beiden sortierten die einbehaltenen Waren nach exakt vorliegenden Klein-Aufträgen.

Wie heute beim Internetkauf das Versenden von gewichtsgleichen Backsteinen zur Mode geworden ist, bedienen sich Lieferanten schon lange dieses Tricks.
Und wenn der Wareneingang nicht kontrolliert, entstehen extrem hohe Verlust- Werte.

Bei meinen Analysen in einem Baumarkt in Göttingen fielen mir auf drei oberen Stahlschienen, der hohen Einzäunung des Lieferbereiches merkwürdige Beulen und Kratzer auf.

Meine Befragung des Chefs (ohne Information an den Wareneingangsleiter) ergab, dass zwei Frühlieferanten einen Schlüssel für das WE-Tor erhalten hatten, ihre LKW hinein fuhren und ins Hotel gingen, um morgens um 6.oo Uhr ihre Auslieferungsvorgänge zu starten.

Mit dem Chef blieb ich im Markt. Der erste „Schlüssel-Lieferant kommt, parkt, verschwindet. Alles OK.

Eine zweite Nacht wird notwendig.

Hier aber verschwindet der Lieferant nicht in sein Hotel, sondern auf dem unbebauten Nebengrundstück fährt ein LKW neben den „eingezäunten", dieser hebt mit seinem Kran diverse Paletten und Euro-Blöcke auf den Drüben LKW, der dann wegfährt und unser Fahrer weggeht. Der aus dem Schlaf gerissenen WE-Leiter gab zu, dass er genau diesen Fahrer noch nie kontrolliert hätte, dieser sei schließlich sein Bruder.

Im Gegensatz zu seinem Bruder wurde unser WE-Leiter nicht entlassen.

Wie immer und überall:

Ein Einzeltäter kann schon einen hohen Schaden verursachen. Schließen sich aber zwei zusammen:

    Lieferant und Lieferant

    Lieferant und Mitarbeiter

Ist der Schaden ungleich höher.

Personal-Diebstahl:
Ca.90% aller Mitarbeiter sind grundehrlich und bleiben es auch ihr ganzes Berufsleben lang.

Ca. 5% aller Mitarbeiter tragen in sich eine so hohe kriminelle Energie, dass sie alles stehlen, was nicht Niet- und Nagelfest ist.
Ca. 5% aller Mitarbeiter kennen, tolerieren aber dieses Verhalten.

Probieren:
1972 wurde der bis dahin im Strafgesetzbuch verankerte *Mundraub* abgeschafft, nachdem ein Münchner Amtsgericht die Wegnahme eines *Pelzmantels* als einen Solchen beurteilte.

Ca. 5% aller Mitarbeiter glauben, man müsse probieren, – man müsse schließlich über die zu verkaufende Ware, wissend Auskunft geben. Das wäre keinesfalls ein Rechtsbruch.

Das Strafgesetzbuch unterscheidet aber nicht nach Kunden oder Mitarbeitern.
Nur zur Erinnerung:
Die Wegnahme einer Sache *(die Größe, oder der Wert ist hier richtigerweise NICHT definiert)* ohne Bezahlung *(Einverständnis)* ist Diebstahl.

Leute, holt euch doch einfach diese Erlaubnis vom Chef und alles ist *paletti*.

Bei meinen Analysen mit einem Patriarchen durch seine 20 C+C Märkte habe ich ihm vorgerechnet, was seine Leidenschaft fürs Walnuss-Essen, an Verlust durch Personaldiebstahl bedeute:

Pro Marktdurchgang nahm er sich –natürlich unbezahlt, war ja SEIN Markt, SEIN Produkt- 3 Walnüsse, knackte und aß die. Bei einem Preis vor angenommenen 0,10 €C summierte sich sein Diebstahl auf € 4.000.oo.

Durch sein falsches Vorbildverhalten könnte jeder einzelne seiner 5C00 Mitarbeiter sich entsprechend „animiert" gefühlt haben: zum Frühstück einen Apfel, zum Mittag eine Apfelsine zu „probieren", zwischendurch zur Stärkung eine Banane.

Unglaubliche 20.000.000.oo € Verlust wären/sind entstanden.

Mit Recht verurteilen deutsche Arbeitsgerichte dieses sogenannte –*probieren* -, mit der vollen Härte des Gesetzes.

Erschwerend beim Personaldiebstahl ist die Tatsache, dass der Mitarbeiter nicht nur alle Schlupflöcher kennt, sondern obendrein das Kontrollverhalten seines Chefs.

Und dass der stehlende Kollege nicht nur –wie der Kunde- EINEN Ausgang hat, sondern derer viele.

Bei meinen Recherchen in einem Berliner 6.000 qm Discounter fiel mir im Lager- Keller, neben 27 recht kleinen, vergitterten Fenstern ein einziges auf: hier waren keine Spinnweben. Prompt führte von draußen ein Trampelpfad durch die Büsche zu diesem Fenster. Hier wurde kein Mitarbeiter entlassen: wir machten diesen Vorgang öffentlich und verhinderten damit weitere Diebstähle.

Leute, geht doch einfach mal ins Getränkelager und zählt dort die versteckt herumliegenden Kronkorken, oder Pflaumenkerne.
Wandern die von ganz alleine dahin?
Genauso wenig wie der PLAYBOY auf dem Männerklo.
Sind Binden auf dem Damenklo eigentlich unverfänglich?
Und Zigarettenkippen auf beiden?
Die leeren Flaschen auf den Spinden?
--und ist alles das, was hinter denen liegt, da nur aus Versehen hineingerutscht?

Auch ich würde mein Eigentum nur in einem abschließbaren Spind bewahren. Ist aber wirklich – überall- alles darinnen wirklich Eigentum, oder werden dort auch Besitztümer vor neugierigen Blicken verborgen?

Leider gibt es Kassen-Kollegen, die ihre Finger nicht vom fremden Geld lassen können. Jeder Kassierende kennt SEIN Kassensystem genau. Noch lange nicht jede Kasse lässt sich ausschließlich über den Schlüssel öffnen.

Organisations- Mängel:
Wenn Menschen arbeiten, auch durch Kopfarbeit, z.B.: an Computern, entstehen Fehler: automatisch, unbeabsichtigt.

Ob nun

      der berühmte Zahlendreher,
      das Spaltenverwechseln,
      das Vergessen einer Zeile,
      die Doppelung einer Zeile:

die Möglichkeiten sind auch hier ausgesprochen vielfältig.

Beispielhaft will ich diese vier Arten der Gewinnverluste für sich sprechen lassen.

Ich will jetzt über den viel wichtigeren Punkt reden:

Verhinderung von Verlusten:

Ich war 1980 der *Erfinder* und Durchführer der zweistündigen Mitarbeitervorträge – *natürlich NACH Feierabend und alle mussten stehen* - die die Diebstahls- Verhinderung zum Thema hatte.

Immer habe ich dabei darauf geachtet, oft genug gegen das Wollen eines Marktleiters, das bestehende oder sich in Gründung befindliche Gewerkschaften, oder Einzel Gewerkschaftler anwesend waren.

Wohl wissend, dass ich gerade deren Fragen zu beantworten hätte: zu den Themen:
      -Führung,
      -Recht,
      -Geld,
      -Kamera.

1. Thema - FÜHRUNG:

JEDER weiß:
fühle ich mich in meiner Firma wohl, identifiziere ich mich mit ihr. Auch ich sorge mich dann um ihr Wohlergehen.

Werde ich allerdings wie ein Arschloch behandelt, werde ich <u>diese</u> Behandlung zurückgeben - an meinen Chef **und** an SEINE Kunden.

Zuerst habe ich über das Betriebsklima gesprochen: gehört <u>führende Mitarbeiterfreundlichkeit</u>, auch in der deutlichsten Kritik, zum Selbstverständnis der Führungsetagen?
JA!

Aber schon der Begriff „Kritik" wird von beiden Teilnehmern den falsch begriffen:

Als Kommunikation über Probleme bildet KRITIK eine unverzichtbare Voraussetzung dafür, dass Probleme behoben werden können.
Da niemand seine Handlungen gern in Frage gestellt sieht, wird sie vom Empfänger meist als unangenehm empfunden.
Umgekehrt erteilen Menschen auch ungern Kritik, weil sie wissen, dass diese kaum willkommen ist.

Die Fähigkeit, Kritik nicht als Angriff gegen die eigene Person, sondern als nützlichen Hinweis für Handlungsverbesserungen aufzunehmen, muss erlernt werden.

Die Fähigkeit, Kritik so zu üben und zu formulieren, dass sie anstatt zu kränken, gegenteilig den Empfänger motiviert, gerne seine falschen Handlungsteile zu ändern, muss erlernt werden.

Besitzt ein Chef diese Kritik Kompetenz wird er zwangsläufig zufriedene, **MIT**arbeitende **MIT**arbeiter in einem guten Betriebklima führen.

Es also die Hauptaufgabe der Kritik, das „<u>System der Bewertung selbst</u>" kenntlich zu machen:

1. ein Gegenstand oder ein Verhalten wird **bewertet.**
2. Zuerst kommt also der WERT, dass Wertvolle, das Richtige, das Positive!
3. <u>Danach</u> erst darf über den Fehler, das Negative geredet werden.

Wie kann man dem doppelten Dilemma – *die falsch <u>ausgeübte</u> und die falsch <u>verstandene</u> Kritik* entkommen.
Wir wissen ja, das müssen beide LERNEN!

DU Chef, **lerne** den Fehlerverursacher nach <u>seiner</u> SELBSTBEURTEILUNG über <u>diesen</u> **einen** Fehler zu FRAGEN.
JEDER Mensch gibt gerne über seine Arbeit Auskunft und ist ziemlich hart zu seinem Fehler, WENN DER IN DER EINZAHL BLEIBT.
Gerne ist der arbeitende Mensch so auch LÖSUNGSBEREIT.

Auch für ihn gilt das unumstößliche Gesetz:

Ich tue viel lieber die Dinge, die ich selber will.

„Chef, lass es mich doch einfach richtig machen".

Ausschließlich in der Mathematik, und den darauf aufbauenden Wissenschaften, gibt es den absoluten Fehler.

Ein, mit einer zu erledigen Aufgabe, ein Ein-Zieliges Ergebnis zu erreichender, arbeitender Mensch, macht dabei zu 90% alles richtig.

Chef:
bei dieser geringen Fehlerquote verbietet sich schreien, toben, sowieso. Beleidigen, bedrohen, an den Kollegenpranger stellen erst recht.

Wenn du folgendes ein wenig trainierst, führst du deine Mitarbeiter Ergebnis-orientiert:
Anerkenne die fehlerlosen 90 %
Frage ihn nach seinem Fehler- Kenntnistand
Frage ihn nach seinen Lösungsvorschlägen
Bestätige diese anerkennend.

Du wirst dich über dein tolles Betriebsklima freuen.

Schaue dir hierzu einmal den letzten Satz auf der Seite 61 an.

2. Thema - RECHT:

Genauso wie kein Wirt auf dieser Welt eine Bedienungs- PFLICHT hat, hat auch kein Verkäufer auf dieser Welt eine Verkaufs- PFLICHT.

Der Text des Gesetzes stellt eindeutig fest:
„ Ein Kaufvertrag kommt nur zustande, wenn beide Seiten einverstanden sind".
Daran hat auch die moderne Form des massenhaften Warenverkaufs –die Selbstbedienung- nichts geändert.
Dieses gegenseitige Einverständnis beweist sich AUSSCHLIESSLICH erst an der Kasse: hier wird der Preis eines Artikels verlangt und bezahlt.

Im Grunde genommen gibt es für den Verkäufer auch keine Preis- Auszeichnungs- PFLICHT.
Somit hat der Käufer kein RECHT auf den *ausgezeichneten* (im Doppelsinn des Wortes) Preis.

Selbstverständlich *können, wenn sie denn wollen,* beide Parteien den Preis *aushandeln.*

Einen Dieb rechtlich einwandfrei zu *erwischen,* ist ausgesprochen schwierig.
Wird ein Kunde bei der Wegnahme und der Manipulation eines Artikels beobachtet, muss er – die Beweiskette muss geschlossen bleiben- bis zum Erreichen der Kasse <u>ununterbrochen</u> beobachtet werden. Gibt er hier seine Manipulation nicht an, trägt die unbezahlte Ware also bei/an sich, ist ihm der Diebstahl einwandfrei nachgewiesen.

Bei der heutigen Personaldichte ist diese Form unmöglich.

Daraus ergibt sich:
Solange sich ein Kunde innerhalb des Verkaufsraumes aufhält, kann er **keinen** Diebstahl begehen.
Selbst ihm durch seine eventuell darauf hindeutenden Handlungen Diebstahls- *Absicht* zu unterstellen, ist juristisch völliger Unsinn.
Das StGB § 187 bedroht die Verleumdung mit bis zu 5 Jahren Haft.

Um dem Verlust *„probieren"* zu begegnen, greift hier das aufgehängte Schild:
„aufgerissenen Ware verpflichtet zum Kauf" das sogenannte –Hausrecht.
Aber auch hier greift die Pflicht der „Beweiskette".

Also:
Erst wenn der komplette Kassiervorgang erledigt ist, der Kunde also sein Wechselgeld in seinen Händen hält, beweist sich das gegenseitige Einverständnis:

>meldet er jetzt sein „probieren": <u>alles OK.</u>
>weist er jetzt auf den Artikel in seiner Tasche,
 etc. hin und bezahlt den: <u>alles OK.</u>

Oder eben nicht.
Hat der Kunde diesen manipulierten, jetzt *nicht bezahlten* Artikel noch in seinem Besitz, haben wir ein FESTHALTE- Recht, <u>KEIN</u> Festnahmerecht.
Das ist ausschließlich Polizeihoheit.

Ob dieses <u>Festhalterecht</u> auch das der körperlichen Gewalt einschießt,

ist einerseits mit einem deutlichen JA – beantwortet,

andererseits mit einem deutlichen ABER:

NEIN: *bei freiwilligem Folgeverhalten*
       bei freiwilliger Herausgabe
 JA: *bei Flucht*
       oder Verweigerung der Freiwilligkeit
ABER:
       die körperliche Gewalt muss angepasst sein,
       an die jeweilige Situation.

BITTE:
überlasst einen solchen Einsatz grundsätzlich den dafür ausgebildeten Fachkräften.
Beschränkt ihr euch auf reines Beobachten.

Leider ergibt sich noch ein weiteres juristisches Problem:
Gerichte haben eben NICHT die **Sekunde** der Wechselgeldannahme als Diebstahlserweis definiert, sondern berücksichtigt, dass der Kunde sein *Vergessen* noch anmelden können muss:
>auch noch **nach** dem Kassiervorgang,
>auch noch nach dem Verlassen der Kassenzone.

Ein süddeutsches Gericht hat diese ZONE wie folgt ausgelegt: *„nach verlassen des hauseigenen Parkplatzes".*
Welch ein groteskes Urteil.

Erschwerend kommt juristisch hinzu, weil der Unehrliche sich immer auf ein/sein „Versehen" - "versehentlich" berufen wird, und das der Verkäufer die Diebstahls ABSICHT beweisen können muss. Das wiederum ist ja, wie wir wissen, <u>innerhalb</u> es Verkaufsraumes unmöglich.

Auch die beobachtende Kamera oder der Detektiv sieht ja nur den Vorgang, die ABSICHT beweist sich erst an der Kasse und dort erst nach Verlassen der Kassenzone.

Einen stehlenden Mitarbeiter zu „erwischen" ist genauso schwierig. Ihn dann zu entlassen ist obendrein richtig teuer.

Von den eventuellen Prozesskosten einmal abgesehen, muss der Entlassene ja durch einen neuen Kollegen ersetzt werden. Dieser muss aber für eine entsprechend lange Zeit so eingearbeitet werden, um die (ehrliche) Klasse seines Vorgängers zu erreichen und dann muss der Neue auch noch in das Betriebsklima passen.

3. Thema - GELD

Gehört eine marktgerechte Mitarbeiter Bezahlung zum Selbstverständnis der Führungsetagen?
Damals -zu meiner aktiven Zeit- noch ein Selbstverständnis. Erst nach dem Mauerfall –leider- fielen die kapitalen Raubtiere über den Osten her.
Weil es hier funktionierte, wurde dieses System der Mitarbeiter Ausbeutung auf den Westen ausgeweitet.

Es entstand der Raubtierkapitalismus, das kurzfristige Denken:
ICH Unternehmer VERDIENE so viel wie irgend möglich, DU Mitarbeiter kriegst davon so wenig wie irgend möglich.

Die industrielle Revolution kam erst in Gang, nachdem das produzierende Gewerbe ihre Mitarbeiter so bezahlte, dass diese ihr eigenes Produkt kaufen konnten.
Fast 200 Jahre lang war dies DAS ungeschriebene Gesetz.
Die vorerst durchaus redliche Absicht der Politik dem Osten, durch niedrigere Löhne, schneller auf die Beine zu helfen, setzte ein folgenschweres Signal:
Gewinnsteigerung des Kapitals auch auf Kosten des Mitarbeiters.
Eine der ungewollten Folgen des Mauerfalls.

Aus heutiger Sicht kann das gar nicht ungewollt geschehen sein. Die regierende Koalition hätte es doch schon lange ändern können.
Seit 22 Jahren tun die das aber nicht.

Ausschließlich innerhalb des politischen Rahmens können sich Unternehmen bewegen.
Dieser Rahmen lässt zu:
>andauerndes, sich anschließendes, unbezahltes Praktikum;
>andauernde, sich anschließende Zeitarbeits-Verträge;
>keinen Mindest- Arbeitslohn;

>fast keine fundierte Ausbildung von Fachkräften.

Sogar im Bundeshaus arbeiten unterbezahlte Menschen, die einen Zweit- und sogar Dritt- Job brauchen, um über die Runden zu kommen.
Friseure bekommen überhaupt keinen Festlohn, arbeiten nur noch auf Provisionsbasis, wobei die zu erreichenden Provisions- Ziele fast außerhalb des zu Erreichbaren liegen.

Von dem Banken- Irrwitz will ich gar nicht reden. Aber jeden betreffen die sich ausdehnenden Zeitabstände zwischen Einzahlung und Buchung auf dem Konto: *Zinsgewinn für die Banken.*
Kontoführungsgebühren werden schleichend schon wieder eingeführt.
Gebühren für Auslandsüberweisungen *–JEDER-Abermillionen von Migranten überweisen jeden Monat Geld an ihre Familien im Ausland* haben eine astronomische Höhe erreicht.

Obendrein verfolgen die Banken dann auch noch eine immer rigidere Kreditausreichung.
Du kriegst nicht einmal das Geld, um dir ein vernünftiges Fahrrad zu kaufen um damit zu deiner „Arbeit" fahren zu können.

Für mich kein Wunder, dass man von Deutschland als *Service Wüste* spricht.

Das fürchterliche Wort vom *Humankapital* entsprang dem Denken, dass Geld, schneller und mehr Geld verdient, als der Einsatz von bezahlter *Manpower.*

Norbert Blüm prägte den Begriff:

„wenn das Geld das Geld verdient,
geht die Moral flöten".

Und die ist bei vielen, vielen Unternehmern „flöten" gegangen.

> Fachkräfte werden nicht mehr vernünftig ausgebildet – aber über deren Mangel wird geklagt.
> Langfristige Arbeitsverträge gibt es kaum noch – aber:
> Praktikanten reihen sich an Praktikanten,
> ein Zeitarbeitsvertrag folgt dem Nächsten.
> Regierende, in inniglich fester Umarmung mit den Lobbyisten, wehren sich mit Händen und Füßen gegen einen Mindestlohn.

Aber nur ein vernünftiges, gerechtes Einkommen sorgt für einen zufriedenen Lebensstandard.
Erst diese Zufriedenheit ist die Basis für einen friedvollen, weil freundlichen Kundenumgang.

Damals wie heute ist es meine Überzeugung:
um über dieses Thema zu sprechen, braucht niemand einen Unternehmensberater oder Trainer.

Trotzdem Leute, auch ich muss euch auffordern:
haltet durch, sorgt durch entsprechendes eigenes Verhalten für den Weiterbestand eures Jobs.

Niemals und nichts bleibt im Leben ohne Änderung.

Haltet bis dahin die Stellung, eure Anstellung, euren Job und helft mit, diesen zu erhalten bis die Zeit der Änderung gekommen ist.

Die alten Griechen haben dies treffend gesagt: *panta rhei* = alles fließt.

Konfuzius ein chinesischer Philosoph, lebte und lehrte vor ca. 2500 Jahren. Trotzdem haben viele seiner Lehrsätze auch heute nichts von ihrer Brisanz verloren:

Genieße einfach diese Auswahl:

Wer einen <u>Fehler</u> gemacht hat und ihn nicht korrigiert, begeht einen zweiten.

Die <u>Erfahrung</u> ist wie eine <u>Laterne</u> im Rücken; sie beleuchtet stets nur das Stück <u>Weg</u>, das wir bereits hinter uns haben.

Fordere viel von dir <u>selbst</u> und <u>erwarte</u> wenig von den anderen. So wird dir <u>Ärger</u> erspart bleiben.

<u>Lernen</u>, ohne zu <u>denken</u>, ist <u>eitel</u>; denken, ohne zu lernen, gefährlich.

Es ist besser, ein einziges kleines <u>Licht</u> anzuzünden, als die <u>Dunkelheit</u> zu <u>verfluchen</u>.

Die <u>Menschen</u> stolpern nicht über <u>Berge</u>, sondern über <u>Maulwurfshügel</u>.

Das folgende Zitat war meine Leitlinie als Trainer und sollte für JEDEN Lehrenden sein Handeln bestimmen:

Was du mir sagst, das <u>vergesse</u> ich. Was du mir zeigst, daran erinnere ich mich. Was du mich tun lässt, das verstehe ich.

4. Thema - KAMERA

Im Einzelhandel ist es unmöglich ausschließlich funktionierende Kameras zu installieren. Die Monitorüberwachung wäre viel zu Personalintensiv.

Weil jeder *normale Dieb* das Risiko im Sichtfeld einer Kamera zu klauen NICHT eingeht, er aber nicht weiß, ob jetzt diese eine Kamera die Aufnehmende
ist, installiert man im Verhältnis 1 zu 10.

Videoaufnahmen sind rechtens:
„schließlich erfolgen die Aufnahmen in dem berechtigten Interesse des Geschäftsinhabers, Diebstähle nach Möglichkeit nicht nur aufzudecken, sondern bereits generalpräventiv zu verhindern, um so die Preise möglichst niedrig halten zu können, was auch im Interesse aller Kunden liegt."

Dabei wird der Datenschutz in Deutschland nicht immer beachtet. Etliche Unternehmen haben schon für Aufsehen gesorgt, weil sie ihre Mitarbeiter heimlich ausforschten und kontrollierten.

Personalaufenthaltsräume und Toiletten mit Kameras auszustatten ist verboten.

Geschäftsräume, Warenannahme und/oder Lager dagegen nicht.
Ebenso der heimliche, zeitbegrenzte Einsatz von *„Fingerkameras"*.

Ich lade die Schuld auf mich, einer der Ersten gewesen zu sein, die die Kameraüberwachung eingeführt haben. Dass heute damit teilweise richtige *„Schindluderei"* betrieben wird, liegt dann nicht mehr in meiner Schuld.

Ebenso wird ein Kunde seine Diebstahlsabsicht in der Nähe eines Mitarbeiters unterlassen.
Aber:
> heute gibt es ja nur noch eine Minimalbesetzung-
> kein beobachten Mitarbeiter darf den Kunden auf „Diebstahl" ansprechen-
> JEDER beobachtende Mitarbeiter kann zu diesem Kunden hingehen und fragen *„kann ich ihnen behilflich sein"?*

Selbst dessen oberwitzige Antwort: *„wobei denn, beim Klauen"?* kann mit dem freundlichsten Lächeln beantwortet werden, in der Gewissheit dass der heute nicht klaut.

Mitarbeiteranwesenheit, -Freundlichkeit, schreckt ab.
Kameras schrecken ab.
Auch jede Kassiererin kann durch ein bestimmtes, kundenfreundliches Verhalten Diebe abschrecken.

Es ist nicht die Aufgabe des Kassierenden einen Dieb zu erwischen!

Er kann aber dafür sorgen, dass ein in der Warteschlange stehender Dieb diese verlässt, um hier - heute – an dieser Kasse - nicht erwischt zu werden.

Der Kassierende braucht dazu nur eine Verpackung mit der Bemerkung *„ich schaue schnell nach ob alles heil ist"* zu öffnen.
Sollte er dummerweise darin einen *Fremdartikel* finden, einfach beiseite legen und in Ruhe weiter kassieren.

JEDER *normale Dieb* beobachtet in der „Schlange" wartend, genau WAS die Kassiererin *da vorne* macht.
JEDER *normale Dieb* scheut das Risiko, ebenfalls SO kontrolliert zu werden.
JEDER *normale Dieb* wird seinen *„gefährlichen Artikel"* im Markt *umtauschen*.

Leute:
- jedem Tag sortiert ihr falsch abgelegte Artikel wieder ins richtige Regal. Schaut hier bei offenen Verpackungen nach, ob dieser manipuliert wurde.
- Versucht NIEMALS einen Dieb, auch keinen Flüchtenden, durch eigenen körperlichen Einsatz festzuhalten.

Eine Ulmer Drogerie Mitarbeiterin bringt die abendliche Geldkassette in einer Plastiktüte verstaut, zum Bankschließfach. Ein Dieb will ihr diese Tüte entreißen, durch ihr *„tapferes"*, krampfhaftes Festhalten wird ihr die Handrückenhaut bis zu den Fingern abgerissen.

Ein Stuttgarter Detektiv springt auf die Motorhaube eines flüchtenden Diebes. Durch dessen rasante *Kurvenfahrten* wird der Detektiv mit der Wirbelsäule gegen eine Hausecke geschleudert.

Unverletzbare Helden gibt es nur im Kino.

-Bleibt lieber da wo ihr seid;
-Beobachtet, was genau vorgeht;
-Merkt euch so viele Einzelheiten wie möglich.

Das Verhindern eines Diebstahls ist also viel effizienter und einfacher, ohne das Betriebsklima zu belasten.

Verhinderung: Personal - Diebstahl:

Sorge auch **DU** für ein gutes Betriebsklima:

>vergiss deine persönlichen Empfindlichkeiten
>vergiss deine Launen
>achte die Persönlichkeit des Anderen
>lasse dem Anderen den gleichen Freiraum, den du
  für dich beanspruchst
>fühle und denke **MIT** deinem Kollegen
>kritisiere nur dich selbst
>erziehe nur dich selbst
>lästere nur über dich selbst
>denunziere nur dich selbst

Denke daran:
90% deiner Kollegen sind genauso ehrlich wie du
selbst
5% deiner Kollegen sind *ambivalent,* schwanken
also zwischen *soll ich, oder soll ich nicht.*
5% klauen, was das Zeug hält.

Ausschließlich **DIREKTE** Kenntnis ist **Wissen**.

Nur wenn du von einem Kollegen *direkt* erzählt
bekommst, dass er hier klaut, dann sage du es
deinem Chef.
Aber *nur* diesem.

Verhinderung: Lieferanten - Diebstahl:

Ausschließlich **DIREKTE** Kenntnis ist **Wissen.**

Nur wenn du von einem Lieferanten, Vertreter, einer Servicekraft *direkt* erzählt bekommst, dass er hier klaut, dann erzähle du es deinem Chef.
Aber *nur* diesem.

Solltest du einen solchen WEGNAHME- Vorgang beobachten,
>kann eine BEGRÜNDUNG dafür vorliegen!
 >Erzähle deinem Chef von deiner Beobachtung.
 Aber *nur* diesem.

> Lasse dich von Niemanden
> zu bösem Tun verführen.
> Auch nicht von dir selbst.

Verhinderung: Kunden - Diebstahl:

Unterscheidet sich der stehlende Kunde <u>im Moment</u> seines Diebstahls, von einem normal kaufenden Kunden?

<u>JA:</u>
In diesem Moment MUSS er sich durch Blickkontrolle davon überzeugen, dass er in dieser Sekunde seines bösen Tuns NICHT von anderen Kunden und/oder Mitarbeitern beobachtet wird.

Dieses Wissen jedoch vergiss wieder sofort:
>er könnte ja gerade von seinem Urlaub träumen
>sich nach seinem Kind umschauen

Auch bei der heutigen „dünnen Personaldichte"
>hast du gar keine Zeit einen Kunden zu beobachten
>kann JEDER Mitarbeiter durch seine Freundlichkeit Diebstähle verhindern:
>bei jedem deiner Gänge durch den Verkaufsraum begrüße doch einfach <u>jeden</u> Kunden.
>Ein Dieb, der ein freundliches „Tag, Hallo, guten Morgen, Sie kommen zurecht?" hört, wird unter Garantie denken *„hat der/die was gesehen, gemerkt"?* und heute ehrlich bleiben.

Deine Frage: *„wie kann ich Ihnen behilflich sein"* wäre natürlich die Allerbeste, aber das wird dann deine Zeit kosten, die du heute wahrscheinlich nicht mehr hast.

So müssen wir –damals wie heute – die Hauptlast der Kunden- Diebstahls- Verhinderung der Kasse und den dort arbeitenden Kollegen übertragen:

Verhinderung:
Kunden – Diebstahl an der Kasse

Noch einmal für alle:
die Regel heißt-

weg vom „Erwischen- wollen" - hin zum
VERHINDERN!

Weg von der Kontrolle hin zum SERVICE!

Hier die dringende Bitte an jeden Kollegen, der an
der Kasse sitzt: vergiss dieses Gefühl

„du Kunde bist ein Dieb:
dich will ich erwischen, bestrafen, anzeigen"!

Dieses Denken nützt Dir gar nichts, macht dir nur
richtig dicke Schwierigkeiten!

Viel geschickter sind wir, wenn wir alle, unsere
Kontrolle hinter Freundlichkeit *versteckten*.

Dazu **muss** jeder Kassiervorgang
>mit einer Begrüßung beginnen: d.h. kurzer
Blickkontakt und ein guten Tag, wenn der Kunde
bekannt ist, seinen Namen nennen.
> bei der Wechselgeldaushändigung mit einem
Danke, Frau Schulz beendet werden.

Wir wollen selbstverständlich, dass unser Kunde,
wenn er zu Hause seine Ware auspackt – keinerlei
Beschwerden hat: wir müssen und wollen
deswegen nachschauen ob in seinem Umkarton,
SEIN gewollter Artikel:

- auch wirklich drin ist,
- heil geblieben ist,
- vollständig alle erforderlichen Teile enthält
- noch frisch genug ist

wahlweise einen dieser Sätze müssen wir sagen, <u>während</u> wir die Verpackung öffnen.

Schon damals zu meiner Zeit gab es hier fast unüberwindliche Widerstände: Praxisfremd hieß das Zauberwort !

>*„ICH den Kunden anschauen, guten Tag sagen und auch noch den Namen nennen?* Praxisfremd.
>Wissen Sie eigentlich, dass ich dafür gar keine Zeit habe, >und woher soll ich den Namen wissen. Dass was Sie da von mir wollen, ist völlig Praxisfremd",
>*„und dann soll ich noch irgendwelche Kartons aufmachen? Völlig unmöglich.* Praxisfremd
>Das ergibt nur Ärger. Praxisfremd".
Und dann kam immer das TOThauer- Argument:
„Sie haben wohl noch nie an der Kasse gesessen, das machen Sie mir mal vor".

Also habe ich nach der theoretischen Unterweisung im Büro oder Personalraum, das sogenannte „Praxistraining" durchgeführt.
1. Schritt:
   ich habe mich in eine Kasse gesetzt und habe demonstriert, dass diese Mindestforderung an Höflichkeit und Kontrolle in dieser Kombination ohne Zeitverlust und Ärger funktioniert.

Und wenn ich, oft genug, etwas entdeckt habe: den entdeckten, falschen Artikel einfach weglegen und zum Kunden: „Entschuldigung" sagen.

2. Schritt:

   ich habe mich dann hinter die Kasse, in die Einpackzone, neben den Kunden gestellt, dort NACH dem Kassiervorgang diese oder andere Kontrollen durchgeführt, die die bockige Kasse NICHT machen wollte, NICHT durchgeführt hat.

3. Schritt:

   die positive Kundenüberraschung, seine Freude und teilweise sogar Dankbarkeit dann auf die Kasse umgeleitet.

4. Schritt:

   den Kundennamen nennen: auch im Rückraum kann ich auf der Scheckkarte den Kundennamen lesen und nennen.

   Zu <u>jeder</u> Kundin kann ich „Frau Schulz" sagen. Die wird mich IMMER sofort berichtigen, und schon kann ich sie mit IHREM Namen ansprechen: „Entschuldigung Frau Meier".

5. Schritt:

   Sich zu -entschuldigen- zieht IMMER. (Du darfst die allerdings **niemals** begründen. Dann erst gibt's richtig dicke Diskussionen).

Und wenn der Kunde seinen Kram eingepackt hat, ist ein „Danke Frau Meier", und/oder ein „Tschüss, Herr Schulz", heute selbstverständlich geworden. Meistens jedenfalls.

Ach ja:
>auf ein gehörtes *Danke*, ist das obligate *Bitte* schlicht eine Frechheit.
>auf ein gehörtes *Danke*, lautet grundsätzlich die Antwort: *„ich danke Ihnen"*.

Reicht es, wenn die Kasse pro Kunden einen Karton öffnet?
JA:
Einerseits soll dadurch der dahinter wartende „unehrliche" Kunde animiert werden die Kasse wieder zu verlassen,
andererseits wollen wir –weil wir es ja nicht können- keinen Dieb erwischen.

Es gibt allerdings eine Ausnahme:
wenn die Kassiererin einen solchen Pappenheimer wiedererkennt. Erst gestern hat sie bei DEM einen versteckten Artikel gefunden und heute schon wieder:
hier MUSS sie einen zweiten Karton öffnen .
Angenommen auch hier wird sie fündig: JETZT hat sie sich den Markt- Diebstahls- Regeln entsprechend zu verhalten. (Meistens den Chef/ Kassenaufsicht herbeirufen).
Kein Jurist auf der ganzen Welt glaubt an einen solchen Zufall: 2x beim gleichen Einkauf, in unterschiedlichen Regalen jeweils einen bereits manipulierten Artikel finden.

Ich will/ werde hier noch einmal wiederholen, damit es JEDEM klar ist:

- ➢ Über 90% unserer Kunden sind ehrlich und bleiben es.
- ➢ Wir wollen niemals, niemanden beim Diebstahl erwischen.
- ➢ Durch „bestechende" Freundlichkeit wollen wir Kunden an uns binden,
- ➢ aus Laufkunden – Stammkunden gewinnen,
- ➢ aus Schnäppchenjägern – Alles-Käufer machen.

Prüfe hier das Gelesene:

FRAGE	ANTWORT	Richtig	Falsch
Was ist eine Inventurdifferenz?	Keine Ahnung		
	Hat für mich keine Auswirkung		
	Der Unterschied zwischen BUCH-SOLL und WAREN- IST- Bestand		
Was bedeutet eine Inventur-Differenz?	Der Unternehmer muss damit leben		
	Mein Arbeitsplatzrisiko		
	Die Firma kann pleite gehen		
Wie hoch war 2011 der I.D. Gesamtverlust in Deutschland	Kann keiner so genau sagen		
	Laut EHI 3,8 Milliarden		
	Laut Einzelhandel 3,8Millionen		
Wie entsteht eine Inventurdifferenz	Durch falschen Einkauf		
	Durch falsche Kalkulation		
	Durch Diebstahl		
Wie sieht die wahrscheinlichste Verteilung aus	30% KUDI		
	30% PEDI		
	30% LIDI		
	10% ORGA		
Mit welchen Methoden stiehlt der Kunde	Direkter Zugriff		
	Indirekter Zugriff		
	Umpacken		
	Manipulation		
Wie stiehlt das Personal	Wegnehmen		
	Verzehr im Markt		
	Schweigende Akzeptanz		

Prüfe hier das Gelesene:

Der direkte Zugriff

FRAGE	ANTWORT	Richtig	Falsch
Was heißt direkter Zugriff	Aus dem Regal in den Wagen		
	Aus dem Regal in den Korb		
	Aus dem Regal in ein „Versteck"		
Wie viele „Verstecke" mag es geben	Keine		
	Höchstens 6		
	Abhängig von der Diebes- Phantasie		
Will der Dieb hierbei beobachtet werden	Ist ihm egal		
	Auf gar keinen Fall		
	An der Kasse merkt das ja keiner		
Kannst du diese Art Diebstahl verhindern	JA- durch Verhaftung		
	JA- durch Chef- Information		
	JA- durch höfliche Begrüßung		
Sollst/ darfst du einen Dieb:	Festnehmen		
	Festhalten		
	Genau beobachten, um der Polizei viele Einzelheiten sagen zu können		
Sollst/darfst du Verzehr von Ware durch Kunden..	...anzeigen		
	...bestrafen		
	...unterbinden durch Ansprache des Kunden: z.B.: *„hallo, die sind richtig süß, nicht wahr"* *„darf ich Ihnen die Apfelsinenschale abnehmen"*		
Ist das *Unterbinden* von Kundendiebstahl	Praktikabel		
	Unmöglich		
	Sehr wirksam		

Prüfe hier das Gelesene:

FRAGE	ANTWORT	Richtig	Falsch
	Der IN-direkte Zugriff		
Was heißt IN-direkter Zugriff	Aus dem Regal in den Wagen (Korb)		
	..weiter gehen und irgendwann		
	..aus Wagen/Korb in ein „Versteck"		
Wie viele „Verstecke" mag es geben	Keine		
	Höchstens 6		
	Abhängig von der Diebes- Phantasie		
Will der Dieb hierbei beobachtet werden	Ist ihm egal		
	Auf gar keinen Fall		
	An der Kasse merkt das ja keiner		
Kannst du diese Art Diebstahl verhindern	JA- durch Verhaftung		
	JA- durch Chef- Information		
	JA- durch höfliche Begrüßung		
Sollst/ darfst du einen Dieb:	Festnehmen		
	Festhalten		
	Genau beobachten, um der Polizei viele Einzelheiten sagen zu können		
WO wird indirekt zugegriffen	...überhaupt nicht		
	...nur in „sicheren" Ecken		
Kannst du diesen indirekten Zugriff verhindern	durch freundliche Ansprache, z.B.: „Sie kommen zurecht"? „kann ich Ihnen behilflich sein"? „brauchen Sie meine Hilfe"?		
Ist das *Unterbinden* von Kundendiebstahl:	...Praktikabel		
	...Unmöglich		
	...Sehr wirksam		

82

Prüfe hier das Gelesene:

FRAGE	ANTWORT	Richtig	Falsch
Was heißt Umpacken	Aus dem Regal in den Wagen		
	Aus dem Regal in den Korb		
	Aus dem Regal in ein „Versteck"		
Wie viele „Verstecke" mag es geben	Keine		
	Höchstens 6		
	Abhängig von der Diebes- Phantasie		
Will der Dieb hierbei beobachtet werden	Ist ihm egal		
	Auf gar keinen Fall		
	An der Kasse merkt das ja keiner		
Kannst du diese Art Diebstahl verhindern	JA- durch Verhaftung		
	JA- durch Chef- Information		
	JA- durch höfliche Begrüßung		
Sollst/ darfst du einen Dieb:	Festnehmen		
	Festhalten		
	Genau beobachten, um der Polizei viele Einzelheiten sagen zu können		
Was ist das wesentliche Merkmal beim „Umpacken"	..weg/raus – woanders rein		
	..in einer „sicheren" Markt- Ecke		
	Das Diebesgut wird in einem anderen Karton- einer anderen billigeren Verpackung versteckt		
Ist das *Unterbinden* von Kundendiebstahl	Praktikabel		
	Unmöglich		
	Sehr wirksam		

Prüfe hier das Gelesene:

unterer Einkaufswagen

FRAGE	ANTWORT	Richtig	Falsch
Wie funktioniert das	Aus dem Regal in den Wagen		
	..auf die untere Ablage		
	..dort verklemmt oder versteckt		
Wie viele „Verstecke" mag es geben	Keine		
	Maximal 2		
	Abhängig von der Diebes- Phantasie		
Will der Dieb hierbei beobachtet werden	Ist ihm egal		
	Auf gar keinen Fall		
	An der Kasse merkt das ja keiner		
Kannst du diese Art Diebstahl verhindern	JA- durch Verhaftung		
	JA- durch Chef- Information		
	JA- durch höfliche Begrüßung		
Sollst/ darfst du einen Dieb:	Festnehmen		
	Festhalten		
	Genau beobachten, um der Polizei viele Einzelheiten sagen zu können		
Kannst du so etwas unterbinden	...anzeigen		
	...bestrafen		
	...durch Ansprache des Kunden: z.B.: *„soll ich Ihnen einen größeren Wagen holen"* *„darf ich Ihnen tragen helfen"*		
Ist das *Unterbinden* von Kundendiebstahl	Praktikabel		
	Unmöglich		
	Sehr wirksam		

Prüfe hier das Gelesene:

FRAGE	ANTWORT	Richtig	Falsch
Was heißt offener Diebstahl	Aus dem Regal in den Wagen		
	Der Diebstahlsartikel wird –für jeden sichtbar- also „offen" getragen		
Wie viele „Verstecke" mag es geben	Keine		
	Höchstens 6		
	Abhängig von der Diebes- Phantasie		
Will der Dieb hierbei beobachtet werden	Ist ihm egal		
	Auf gar keinen Fall		
	An der Kasse merkt das ja keiner		
Kannst du diese Art Diebstahl verhindern	JA- durch Verhaftung		
	JA- durch Chef- Information		
	JA- durch höfliche Begrüßung		
Sollst/ darfst du einen Dieb:	Festnehmen		
	Festhalten		
	Genau beobachten, um der Polizei viele Einzelheiten sagen zu können		
Kannst du so etwas unterbinden	...anzeigen		
	...bestrafen		
	...durch Ansprache des Kunden: z.B.: „man müsste 3 Hände haben" „ich rauche auch die WEST"		
Ist das *Unterbinden* von Kundendiebstahl	Praktikabel		
	Unmöglich		
	Sehr wirksam		

Prüfe hier das Gelesene:

Zeitschriften und Zeitungen

FRAGE	ANTWORT	Richtig	Falsch
Wie funktioniert das hier	Zeitschrift in die Zeitung		
	Batteriezellen in die Zeitung		
	Zeitung in die Zeitschrift		
Wie viele „Verstecke" mag es geben	Keine		
	Höchstens 6		
	Abhängig von der Diebes- Phantasie		
Will der Dieb hierbei beobachtet werden	Ist ihm egal		
	Auf gar keinen Fall		
	An der Kasse weiß das ja keiner		
Kannst du diese Art Diebstahl verhindern	JA- durch Verhaftung		
	JA- durch Chef- Information		
	JA- durch höfliche Begrüßung		
Sollst/ darfst du einen Dieb:	Festnehmen		
	Festhalten		
	Genau beobachten, um der Polizei viele Einzelheiten sagen zu können		
Kannst du so etwas unterbinden	...anzeigen		
	...bestrafen		
	...durch Ansprache des Kunden: z.B.: „schreibt die BILD was über uns" „ die muss ich mir auch noch kaufen"		
Ist das *Unterbinden* von Kundendiebstahl	Prakt kabel		
	Unmöglich		
	Sehr wirksam		

Prüfe hier das Gelesene:

FRAGE	ANTWORT	Umtausch	
		Richtig	Falsch
Wie funktioniert das hier	Bei uns gar nicht		
	Bei uns liegen keine Kassenbons rum		
	Mit gefundenem Kassenbon		
Wie viele „Möglichkeiten" mag es geben	Keine		
	Höchstens 6		
	Abhängig von der Diebes- Phantasie		
Will der Dieb hierbei beobachtet werden	Ist ihm egal		
	Auf gar keinen Fall		
	An der Kasse weiß das ja keiner		
Kannst du diese Art Diebstahl verhindern	JA- durch Verhaftung		
	JA- durch Chef- Information		
	JA- durch höfliche Begrüßung		
Sollst/ darfst du einen Dieb:	Festnehmen		
	Festhalten		
	Genau beobachten, um der Polizei viele Einzelheiten sagen zu können		
Kannst du so etwas unterbinden	...anzeigen		
	...bestrafen		
	...NIEMALS Kassenbons im Markt – im Einkaufswagen liegen lassen. *Marktleiter Information*		
Ist das *Unterbinden* von Kundendiebstahl	Praktikabel		
	Unmöglich		
	Sehr wirksam		

Prüfe hier das Gelesene:

Gruppen- Diebstahl

FRAGE	ANTWORT	Richtig	Falsch
Wie funktioniert das	Viele Schüler wirbeln herum		
	Eine Gruppe macht großes Theater, einer klaut, oder anders herum.		
Wie viele „Möglichkeiten" mag es geben	Keine		
	Höchstens 6		
	Abhängig von der Diebes- Phantasie		
Will der Dieb hierbei beobachtet werden	Ist ihm egal		
	Auf gar keinen Fall		
	An der Kasse weiß das ja keiner		
Kannst du diese Art Diebstahl verhindern	Durch massive Kollegen Präsenz		
	Durch direkte Ansprache		
	Durch Konzentration auf die Gruppe		
Sollst/ darfst du einen Dieb:	Festnehmen		
	Festhalten		
	Genau beobachten, um der Polizei viele Einzelheiten sagen zu können		
Kannst du so etwas unterbinden	Bei Schülern oder Jugendlichen: *„ich schau euch genau auf die Finger"* *„Freunde benehmt euch hier"*		
	Es kümmert sich nur **EINER** um das „große Theater". Alle anderen verteilen sich im Markt		
Ist das *Unterbinden* von Gruppendiebstahl	Praktikabel		
	Unmöglich		
	Sehr wirksam		

Prüfe hier das Gelesene:

FRAGE	ANTWORT	Leergut Richtig	Falsch
Wie funktioniert das hier	Nur mit gleich hohen Flaschen		
	Nur mit gleichfarbigen Verschlüssen		
	Nur in vollen Tragekisten		
Wie viele „Möglichkeiten" mag es geben	Keine		
	Höchstens 6		
	Abhängig von der Diebes- Phantasie		
Will der Dieb hierbei beobachtet werden	Ist ihm egal		
	Auf gar keinen Fall		
	An der Kasse weiß das ja keiner		
Kannst du diese Art Diebstahl verhindern	JA- durch Verhaftung		
	JA- durch Chef- Information		
	JA- durch höfliche Begrüßung		
Sollst/ darfst du einen Dieb:	Festnehmen		
	Festhalten		
	Genau beobachten, um der Polizei viele Einzelheiten sagen zu können		
Kannst du so etwas unterbinden	...anzeigen		
	...bestrafen		
	...durch Ansprache des Kunden: z.B.: „soll ich Ihnen die fehlende Flasche holen"		
Ist das Unterbinden Im Bereich Leergutdiebstahl	Praktikabel		
	Unmöglich		
	Sehr wirksam		

Prüfe hier das Gelesene:

Warenannahme

FRAGE	ANTWORT	Richtig	Falsch
Wie funktioniert das hier	Wenn die Warenannehmer „schlafen"		
	Wenn hier nicht kontrolliert wird		
	die WE- Tür ist nicht unter Kontrolle		
Wie viele „Möglichkeiten" mag es geben	Keine		
	Höchstens 6		
	Abhängig von der Diebes- Phantasie		
Will der Dieb hierbei beobachtet werden	Ist ihm egal		
	Auf gar keinen Fall		
	Kontrolle schreckt ab		
Kannst du diese Art Diebstahl verhindern	JA- durch Verhaftung		
	JA- durch Chef- Information		
	Immer: durch exakte Kontrollen		
Sollst/ darfst du einen Dieb:	Festnehmen		
	Festhalten		
	Die Liefer- Firma benachrichtigen Den dortigen Chef anrufen		
Kannst du so etwas unterbinden	...anzeigen		
	...bestrafen		
	In der Warenannahme darf es niemals eine Bevorzugung, niemals eine Kontroll- Ausnahme geben		
Ist hier das *Unterbinden nur* durch Kontrollen	Praktikabel		
	Unmöglich		
	Sehr wirksam		

90

Prüfe hier das Gelesene:

FRAGE	ANTWORT	Feinkontrolle Richtig	Falsch
Wie funktioniert das hier	Bei der Einzelkontrolle		
	Bei der Preisauszeichnung		
	Bei der Lieferscheinkontrolle		
Wie viele „Möglichkeiten" mag es geben	Keine		
	Höchstens 6		
	Abhängig von der Einstellung		
Warum geschehen solche Fehler	Absicht		
	Unkonzentration		
	Gleichgültigkeit		
Kannst du diese Art Fehler verhindern	Durch Wollen		
	Konzentriertes Arbeiten		
	Vermeidung von Ablenkung		
Sollst/ darfst du dich selbst	erziehen, Chefkontrollen nicht als persönlich negativ zu sehen		
	erziehen um anderen ein gutes Vorbild zu sein		
Kannst du so etwas unterbinden	positive Arbeitseinstellung		
	positive Kontrolleinstellung		
	Dich selbst gerne und oft kontrollieren lassen, dich nicht ablenken lassen, darin Vorbild sein		
Ist das *Unterbinden* von Fehlern in der Feinkontrolle	Praktikabel		
	Unmöglich		
	Sehr wirksam		

Prüfe hier das Gelesene:

Lieferantendiebstahl

FRAGE	ANTWORT	Richtig	Falsch
Wie funktioniert das hier	Zuviel Vertrauen in einen Lieferanten		
	Bei uns jedenfalls nicht		
	Ist bei uns noch nie passiert		
Wie viele „Möglichkeiten" mag es geben	Bei Servicekräften: viele		
	Bei Einräumtruppen: viele		
	Abhängig von der Diebes- Phantasie		
Will der Dieb hierbei erwischt werden	Ist ihm gerade hier nicht egal		
	Auf gar keinen Fall		
	Er weiß genau, bei wem das „geht"		
Kannst du diese Art Diebstahl verhindern durch	direkte Ansprache		
	Chef- Information		
	durch deutliche Warnung		
Sollst/ darfst du einen solchen Dieb:	anzeigen		
	Festhalten, seinen Chef informieren		
	Genau beobachten, um der Polizei viele Einzelheiten sagen zu können		
Kannst du so etwas unterbinden durch	Aufmerksamkeit		
	bestrafen		
	direkte Ansprache: Vertreter, Einpacker, Servicekraft, Inventurtruppe		
Ist das *Unterbinden* von dieser Art Diebstahl	Praktikabel		
	Unmöglich		
	Sehr wirksam		

Prüfe hier deine Antworten:

*I.D.= Inventurdifferenz
*EH.I.= Einzel Handel Institut

FRAGE	ANTWORT	Richtig	Falsch
Was ist eine Inventurdifferenz?	Keine Ahnung		x
	Hat für mich keine Auswirkung		x
	Der Unterschied zwischen BUCH-SOLL und WAREN- IST- Bestand	X	
Was bedeutet eine Inventur-Differenz?	Der Unternehmer muss damit leben		x
	Mein Arbeitsplatzrisiko	X	
	Die Firma kann pleite gehen	X	
Wie hoch war 2011 der I.D. Gesamtverlust in Deutschland	Kann keiner so genau sagen		x
	Laut EHI 3,8 Milliarden	X	
	Laut Einzelhandel 3,8Millionen		x
Wie entsteht eine Inventurdifferenz	Durch falschen Einkauf		x
	Durch falsche Kalkulation		x
	Durch Diebstahl	X	
Wie sieht die wahrscheinlichste Verteilung aus	30% Kundendiebstahl	X	
	30% Personaldiebstahl	X	
	30% Lieferantendiebstahl	X	
	10% ORGAnisationsmängel	X	
Mit welchen Methoden bestiehlt und der Kunde	Direkter Zugriff	X	
	Indirekter Zugriff	X	
	Umpacken	X	
	Manipulation	X	
Wie stiehlt das Personal	Wegnehmen	X	
	Verzehr im Markt	X	
	Schweigende Akzeptanz	X	

93

Prüfe hier deine Antworten:

Der direkte Zugriff

FRAGE	ANTWORT	Richtig	Falsch
Was heißt direkter Zugriff	Aus dem Regal in den Wagen		x
	Aus dem Regal in den Korb		x
	Aus dem Regal in ein „Versteck"	X	
Wie viele „Verstecke" mag es geben	Keine		x
	Höchstens 6		x
	Abhängig von der Diebes- Phantasie	X	
Will der Dieb hierbei beobachtet werden	Ist ihm egal		x
	Auf gar keinen Fall	X	
	An der Kasse merkt das ja keiner		x
Kannst du diese Art Diebstahl verhindern	JA- durch Verhaftung		x
	JA- durch Chef- Information		x
	JA- durch höfliche Begrüßung	X	
Sollst/ darfst du einen Dieb:	Festnehmen		x
	Festhalten		x
	Genau beobachten, um der Polizei viele Einzelheiten sagen zu können	X	
Sollst/darfst du Verzehr von Ware durch Kunden..	...anzeigen		x
	...bestrafen		x
	...unterbinden	X	
	durch Ansprache des Kunden: z.B.: „hallo, die sind richtig süß, nicht wahr" „darf ich Ihnen die Apfelsinenschale abnehmen"	X	
Ist das *Unterbinden* von Kundendiebstahl	Praktikabel	X	
	Unmöglich		x
	Sehr wirksam	X	

Prüfe hier deine Antworten:

Der IN-direkte Zugriff

FRAGE	ANTWORT	Richtig	Falsch
Was heißt IN-direkter Zugriff	Aus dem Regal in den Wagen (Korb)	X	
	..weiter gehen und irgendwann	X	
	..aus Wagen/Korb in ein „Versteck"	X	
Wie viele „Verstecke" mag es geben	Keine		x
	Höchstens 6		x
	Abhängig von der Diebes- Phantasie	X	
Will der Dieb hierbei beobachtet werden	Ist ihm egal		x
	Auf gar keinen Fall	X	
	An der Kasse merkt das ja keiner		x
Kannst du diese Art Diebstahl verhindern	JA- durch Verhaftung		x
	JA- durch Chef- Information		x
	JA- durch höfliche Begrüßung	X	
Sollst/ darfst du einen Dieb:	Festnehmen		x
	Festhalten		x
	Genau beobachten, um der Polizei viele Einzelheiten sagen zu können	X	
WO wird indirekt zugegriffen	...überhaupt nicht		x
	...nur in „sicheren" Ecken	X	
Kannst du diesen indirekten Zugriff verhindern	durch freundliche Ansprache, z.B.:	X	
	„Sie kommen zurecht"?	X	
	„kann ich Ihnen behilflich sein"?	X	
	„brauchen Sie meine Hilfe"?	X	
Ist das *Unterbinden* von Kundendiebstahl:	...Praktikabel	X	
	...Unmöglich		x
	...Sehr wirksam	X	

95

Prüfe hier deine Antworten:

Das Umpacken

FRAGE	ANTWORT	Richtig	Falsch
Was heißt Umpacken	Aus dem Regal in den Wagen	X	
	Aus dem Regal in den Korb	X	
	Aus dem Regal in ein „Versteck"		x
Wie viele „Verstecke" mag es geben	Keine		x
	Höchstens 6		x
	Abhängig von der Diebes- Phantasie	X	
Will der Dieb hierbei beobachtet werden	Ist ihm egal		x
	Auf gar keinen Fall	X	
	An der Kasse merkt das ja keiner		x
Kannst du diese Art Diebstahl verhindern	JA- durch Verhaftung		x
	JA- durch Chef- Information		x
	JA- durch höfliche Begrüßung	X	
Sollst/ darfst du einen Dieb:	Festnehmen		x
	Festhalten		x
	Genau beobachten, um der Polizei viele Einzelheiten sagen zu können	X	
Was ist das wesentliche Merkmal beim „Umpacken"	..weg/raus – woanders rein	X	
	..in einer „sicheren" Markt- Ecke	X	
	Das Diebesgut wird in einem anderen Karton- einer anderen billigeren Verpackung versteckt	X	
Ist das *Unterbinden* von Kundendiebstahl	Praktikabel	X	
	Unmöglich		x
	Sehr wirksam	X	

Prüfe hier deine Antworten:

FRAGE	ANTWORT	Richtig	Falsch
Wie funktioniert das	Aus dem Regal in den Wagen		X
	..auf die untere Ablage	X	
	..dort verklemmt oder versteckt	X	
Wie viele „Verstecke" mag es geben	Keine		X
	Maximal 2		X
	Abhängig von der Diebes- Phantasie	X	
Will der Dieb hierbei beobachtet werden	Ist ihm egal		X
	Auf gar keinen Fall	X	
	An der Kasse merkt das ja keiner		X
Kannst du diese Art Diebstahl verhindern	JA- durch Verhaftung		X
	JA- durch Chef- Information		X
	JA- durch höfliche Begrüßung	X	
Sollst/ darfst du einen Dieb:	Festnehmen		X
	Festhalten		X
	Genau beobachten, um der Polizei viele Einzelheiten sagen zu können	X	
Kannst du so etwas unterbinden	...anzeigen		X
	...bestrafen		X
	...durch Ansprache des Kunden: z.B.:	X	
	„soll ich Ihnen einen größeren Wagen holen"	X	
	„darf ich Ihnen tragen helfen"	X	
Ist das *Unterbinden* von Kundendiebstahl	Praktikabel	X	
	Unmöglich		X
	Sehr wirksam	X	

Prüfe hier deine Antworten:

FRAGE	ANTWORT	Richtig	Falsch
Was heißt offener Diebstahl	Aus dem Regal in den Wagen		x
	Der Diebstahlsartikel wird –für jeden sichtbar- also „offen" getragen	X	
Wie viele „Verstecke" mag es geben	Keine		x
	Höchstens 6		x
	Abhängig von der Diebes- Phantasie	X	
Will der Dieb hierbei beobachtet werden	Ist ihm egal		x
	Auf gar keinen Fall	X	
	An der Kasse merkt das ja keiner		x
Kannst du diese Art Diebstahl verhindern	JA- durch Verhaftung		x
	JA- durch Chef- Information		x
	JA- durch höfliche Begrüßung	X	
Sollst/ darfst du einen Dieb:	Festnehmen		x
	Festhalten		x
	Genau beobachten, um der Polizei viele Einzelheiten sagen zu können	X	
Kannst du so etwas unterbinden	...anzeigen		x
	...bestrafen		x
	...durch Ansprache des Kunden: z.B.:	X	
	„man müsste 3 Hände haben"	X	
	„ich rauche auch die WEST"	X	
Ist das *Unterbinden* von Kundendiebstahl	Praktikabel	X	
	Unmöglich		x
	Sehr wirksam	X	

Prüfe hier deine Antworten:

Zeitschriften und Zeitungen

FRAGE	ANTWORT	Richtig	Falsch
Wie funktioniert das hier	Zeitschrift in die Zeitung	X	
	Batteriezellen in die Zeitung	X	
	Zeitung in die Zeitschrift		x
Wie viele „Verstecke" mag es geben	Keine		x
	Höchstens 6		x
	Abhängig von der Diebes- Phantasie	X	
Will der Dieb hierbei beobachtet werden	Ist ihm egal		x
	Auf gar keinen Fall	X	
	An der Kasse weiß das ja keiner		X
Kannst du diese Art Diebstahl verhindern	JA- durch Verhaftung		x
	JA- durch Chef- Information		x
	JA- durch höfliche Begrüßung	X	
Sollst/ darfst du einen Dieb:	Festnehmen		x
	Festhalten		x
	Genau beobachten, um der Polizei viele Einzelheiten sagen zu können	X	
Kannst du so etwas unterbinden	...anzeigen		x
	...bestrafen		x
	...durch Ansprache des Kunden: z.B.:	X	
	„schreibt die BILD was über uns"	X	
	„ die muss ich mir auch noch kaufen"	X	
Ist das *Unterbinden* von Kundendiebstahl	Praktikabel	X	
	Unmöglich		x
	Sehr wirksam	X	

99

Prüfe hier deine Antworten:

FRAGE	ANTWORT	Richtig	Falsch
Wie funktioniert das hier	Bei uns gar nicht		x
	Bei uns liegen keine Kassenbons rum	X	
	Mit gefundenem Kassenbon	X	
Wie viele „Möglichkeiten" mag es geben	Keine		x
	Höchstens 6		x
	Abhängig von der Diebes- Phantasie	X	
Will der Dieb hierbei beobachtet werden	Ist ihm egal		x
	Auf gar keinen Fall	X	
	An der Kasse weiß das ja keiner		x
Kannst du diese Art Diebstahl verhindern	JA- durch Verhaftung		x
	JA- durch Chef- Information		x
	JA- durch höfliche Begrüßung	X	
Sollst/ darfst du einen Dieb:	Festnehmen		x
	Festhalten		x
	Genau beobachten, um der Polizei viele Einzelheiten sagen zu können	X	
Kannst du so etwas unterbinden	...anzeigen		x
	...bestrafen		x
	...NIEMALS Kassenbons im Markt – im Enkaufswagen liegen lassen.	X	
	Marktleiter Information	X	
Ist das *Unterbinden* von Kundendiebstahl	Praktikabel	X	
	Unmöglich		x
	Sehr wirksam	X	

Prüfe hier deine Antworten:

FRAGE	ANTWORT	Richtig	Falsch
Wie funktioniert das	Viele Schüler wirbeln herum	X	
	Eine Gruppe macht großes Theater, einer klaut, oder anders herum.	X X	
Wie viele „Möglichkeiten" mag es geben	Keine		x
	Höchstens 6		x
	Abhängig von der Diebes- Phantasie	X	
Will der Dieb hierbei beobachtet werden	Ist ihm egal		x
	Auf gar keinen Fall	X	
	An der Kasse weiß das ja keiner		x
Kannst du diese Art Diebstahl verhindern	Durch massive Kollegen Präsenz	X	
	Durch direkte Ansprache	X	
	Durch Konzentration auf die Gruppe	X	
Sollst/ darfst du einen Dieb:	Festnehmen		x
	Festhalten		x
	Genau beobachten, um der Polizei viele Einzelheiten sagen zu können	X	
Kannst du so etwas unterbinden	Bei Schülern oder Jugendlichen: *„ich schau euch genau auf die Finger"* *„Freunde benehmt euch hier"*	X X X	
	Es kümmert sich nur **EINER** um das „große Theater".	X	
	Alle anderen verteilen sich im Markt	X	
Ist das *Unterbinden* von Gruppendiebstahl	Praktikabel	X	
	Unmöglich		x
	Sehr wirksam	X	

Prüfe hier deine Antworten:

FRAGE	ANTWORT	Leergut	
		Richtig	Falsch
Wie funktioniert das hier	Nur mit gleich hohen Flaschen	X	
	Nur mit gleichfarbigen Verschlüssen	X	
	Nur in vollen Tragekisten	X	
Wie viele „Möglichkeiten" mag es geben	Keine		x
	Höchstens 6		x
	Abhängig von der Diebes- Phantasie	X	
Will der Dieb hierbei beobachtet werden	Ist ihm egal		x
	Auf gar keinen Fall	X	
	An der Kasse weiß das ja keiner		x
Kannst du diese Art Diebstahl verhindern	JA- durch Verhaftung		x
	JA- durch Chef- Information		x
	JA- durch höfliche Begrüßung	X	
Sollst/ darfst du einen Dieb:	Festnehmen		x
	Festhalten		x
	Genau beobachten, um der Polizei viele Einzelheiten sagen zu können	X	
Kannst du so etwas unterbinden	...anzeigen		x
	...bestrafen		x
	...durch Ansprache des Kunden: z.B.:	X	
	„soll ich Ihnen die fehlende Flasche holen"	X	
Ist das *Unterbinden* im Bereich Leergutdiebstahl	Praktikabel	X	
	Unmöglich		x
	Sehr wirksam	X	

102

Prüfe hier deine Antworten:

FRAGE	ANTWORT	Richtig	Falsch
Wie funktioniert das hier	Wenn die Warenannehmer „schlafen"	X	
	Wenn hier nicht kontrolliert wird	X	
	die WE- Tür ist nicht unter Kontrolle	X	
Wie viele „Möglichkeiten" mag es geben	Keine		x
	Höchstens 6		x
	Abhängig von der Diebes- Phantasie	X	
Will der Dieb hierbei beobachtet werden	Ist ihm egal		x
	Auf gar keinen Fall	X	
	Kontrolle schreckt ab		x
Kannst du diese Art Diebstahl verhindern	JA- durch Verhaftung		x
	JA- durch Chef- Information		x
	Immer: durch exakte Kontrollen	X	
Sollst/ darfst du einen Dieb:	Festnehmen		x
	Festhalten		x
	Die Liefer- Firma benachrichtigen	X	
	Den dortigen Chef anrufen	X	
Kannst du so etwas unterbinden	...anzeigen	X	
	...bestrafen	X	
	In der Warenannahme darf es	X	
	niemals eine Bevorzugung, niemals	X	
	eine Kontroll- Ausnahme geben	X	
Ist hier das *Unterbinden nur* durch Kontrollen	Praktikabel	X	
	Unmöglich		x
	Sehr wirksam	X	

Prüfe hier deine Antworten:

FRAGE	ANTWORT	Richtig	Falsch
Wie funktioniert das hier	Bei der Einzelkontrolle	X	
	Bei der Preisauszeichnung	X	
	Bei der Lieferscheinkontrolle	X	
Wie viele „Möglichkeiten" mag es geben	Keine		x
	Höchstens 6		x
	Abhängig von der Einstellung	X	
Warum geschehen solche Fehler	Absicht	X	
	Unkonzentration	X	
	Gleichgültigkeit	X	
Kannst du diese Art Fehler verhindern	Durch Wollen	X	
	Konzentriertes Arbeiten	X	
	Vermeidung von Ablenkung	X	
Sollst/ darfst du dich selbst	erziehen, Chefkontrollen nicht als	X	
	persönlich negativ zu sehen	X	
	erziehen um anderen ein gutes	X	
	Vorbild zu sein	X	
Kannst du so etwas unterbinden	positve Arbeitseinstellung	X	
	positive Kontrolleinstellung	X	
	Dich selbst gerne und oft kontrollieren	X	
	lassen, dich nicht ablenken lassen,	X	
	darin Vorbild sein	X	
Ist das *Unterbinden* von Fehlern in der Feinkontrolle	Praktikabel	X	
	Unmöglich		x
	Sehr wirksam	X	

Prüfe hier deine Antworten:

Lieferantendiebstahl

FRAGE	ANTWORT	Richtig	Falsch
Wie funktioniert das hier	Zuviel Vertrauen in einen Lieferanten	X	
	Bei uns jedenfalls nicht		x
	Ist bei uns noch nie passiert		x
Wie viele „Möglichkeiten" mag es geben	Bei Servicekräften: viele	X	
	Bei Einräumtruppen: viele	X	
	Abhängig von der Diebes- Phantasie	X	
Will der Dieb hierbei erwischt werden	Ist ihm gerade hier nicht egal	X	
	Auf gar keinen Fall	X	
	Er weiß genau, bei wem das „geht"	X	
Kannst du diese Art Diebstahl verhindern durch	direkte Ansprache	X	
	Chef- Information	X	
	durch deutliche Warnung	X	
Sollst/ darfst du einen solchen Dieb:	anzeigen	X	
	Festhalten, seinen Chef informieren	X	
	Genau beobachten, um der Polizei	X	
	viele Einzelheiten sagen zu können	X	
Kannst du so etwas unterbinden durch	Aufmerksamkeit	X	
	bestrafen		x
	direkte Ansprache:	X	
	Vertreter, Einpacker, Servicekraft,	X	
	Inventurtruppe	X	
		X	
Ist das *Unterbinden* von dieser Art Diebstahl	Praktikabel	X	
	Unmöglich		x
	Sehr wirksam	X	

Manipulationsmöglichkeiten für den Kunden:

	abstellen durch:
-Lose Preisetiketten werden zum **Überpreisen** genutzt	-Bonkontrollen durchführen -Preissicherheit der Mitarbeiter fördern -Preisetiketten „nachdrücken" -Ware manipulationssicher auszeichnen
-Deckelauszeichnung -Deckel wird mit passendem getauscht	-Bonkontrollen durchführen -Preissicherheit der Mitarbeiter fördern -Preisetikett auf Waren-KÖRPER
-Ware wird in Ware versteckt	-Serviceverkauf -Inhaltskontrollen
-Kunde legt NICHT alle Waren auf das Fließband/ Kassentisch	-Spiegelbenutzung -Deutung zum Hinweisschild -höflichste, nochmalige Bitte -Kollegin um Hilfe bitten -selbst Hand anlegen
-Kunde lässt Ware auf der unteren Einkaufswagenebene -sagt die dortige Ware nicht an	-Spiegelbenutzung -Deutung zum Hinweisschild -Kollegin um Hilfe bitten -selbst Hand anlegen
-Kunde legt NOCH NICHT fakturierte Ware wieder in den Wagen zurück	-Kunden höflichst um „Rückgängig machen" bitten -„die/den Artikel habe ich vergessen einzudrücken"

106

Manipulationsmöglichkeiten für den Kunden:

-der Einkaufswagen wird aus dem Blickfeld der Kassiererin geschoben	-Kunden höflichst bitten um „Rückgängig machen" -„die/den Artikel habe ich vergessen einzudrücken" -selbst Hand anlegen
-Ware ohne Preisauszeichnung -Preisansage durch den Kunden	-nach Hausregel verfahren: Kassenaufsicht/Bereichsleiter rufen: -Preis klären -Preisauszeichnung im Regal klären -evtl. fehlende Auszeichnung durchführen (lassen)
-Kassiererin MUSS ihren Platz verlassen	--nach Hausregel verfahren: -auf jeden Fall: -abmelden -Kasse abschließen -Schlüssel abziehen und sichern
-Gruppeneinkäufe :- viel Gerede, große Hektik, viel Herumgemache - gewollte Ablenkung der Kassiererin	-RUHE bewahren -freundlichst für Ordnung sorgen: -Entschuldigung, wer ist jetzt dran -Entschuldigung, zu wem gehört dieser Artikel -Entschuldigung, stellt euch ordentlich an (NUR zu Kindern) -Entschuldigung, schafft doch bitte mal Ordnung -gegebenenfalls Hilfe herbeirufen
-Kunde versucht beim Wechselgeldempfang durch viel Diskussion und Handfuchtelei die Kassiererin abzulenken und zu einem Fehler zu verleiten	-angenommenes Geld IMMER zuerst auf die Ablage vor der Kassenlade -erst NACH Ausgabe des Wechselgeldes in die Kassenlade

Manipulationsmöglichkeiten für den Kunden:

-Verunsicherung durch gleichzeitige Zahlung mit Karte und Bargeld	-Ruhe bewahren -kein Problem: -erst das Eine abkassieren -dann das Nächste
-Scheckkarte: -ungültig / abgelaufen /keine Deckung o.ä.	-Entschuldigung, <u>unser</u> System reagiert nicht. -haben Sie eine andere Möglichkeit? -Hilfe holen

Manipulationsmöglichkeiten für den Kunden:
DOPPEL-Wagen-Trick:

-2 Wagen werden exakt GLEICH bestückt -1 verbleibt im Markt -1 geht an die Kasse, wird bezahlt -jetzt wird der 2., der im Markt verbliebene, unter Umständen auch an d e gleiche Kasse gebracht: Zuzüglich **einem** Artikel. -Argument: „versehent ich" wieder mit hineingenommen, weil einen Artikel „vergessen".	-RUHE bewahren, -freundlich bleiben *-selbstverständlich kann so etwas einem dusseligen Kunden passieren* *-eine Bonkontrolle brauchen Sie gar nicht durchzuführen, vielleicht erinnern Sie sich sogar an diesen Kunden* -NACH HAUSREGEL VERFAHREN: -Hilfe holen, diese muss sich dieses Problems annehmen. -evtl. Autokontrolle

Manipulationsmöglichkeiten für den Kunden:
EINE WEITERE VARIANTE:

-ein z.B. „sehr verliebtes" Pärchen kommt mit zwei hoch vollen Einkaufswagen an die Kasse -der erste Wagen –meistens hochpreisige Artikel- wird „eingedrückt" und von einem Partner wieder eingepackt und… rausgefahren -beim Kassiervorgang des zweiten Wagens fällt dem zurückgebliebenen Partner ein, dass der Andere die Scheckkarte hat. Lässt den halb kassierten Wagen stehen, (immer mit kleinstpreisigen Artikeln) saust los um die Karte schnell zu holen und kommt NIE wieder.	-das zurück- oder schnell wieder einpacken der Ware ist heute normal geworden (auch gewollt) -ein Auge IMMER auf den Einpackenden haben -macht dieser „Anstalten" den Markt zu verlassen <u>bevor</u> bezahlt ist: --NOTRUF tätigen -Hilfe holen

Manipulationsmöglichkeiten für den Kunden-
an der Kasse:

-Kunde will € 100.oo Schein gegeben, aber rur auf € 50.oo Wechselgeld erhalten haben	-SIE haben richtig gehandelt und seinen Schein erst **nach** der Ausgabe/Annahme des Wechsel- geldes in die Lade gelegt. -RUHE bewahren -freundlich bleiben -NACH HAUSREGEL VERFAHREN: -Hilfe holen, diese muss sich dieses Problems annehmen -Kassensturz durchführen. Im Beisein des Kunden
-Kunde drängelt sich vor, oder kommt aus dem Rückraum, will schnell Schein gewechselt haben	-Entschuldigung ich hol Ihnen schnell die Kassenaufsicht
-Kollegeneinkäufe (Selbsteinkäufe)	-Bonkontrollen durchführen
-Verwandten-, Bekannten-, Freundeinkäufe	-grundsätzlich verboten -bei heutiger „Einzel- Besetzung, Bonkontrollen durchführen

Manipulationsmöglichkeiten für den Kunden-
an der Kasse:
Verhinderung durch „Service-Verkauf" von der Kassiererin/Kassierer:

Begrüßung	*„Guten Tag Herr/Frau Meier"*
Während Sie den ersten Umkarton nehmen: Blickkontakt zum Kunden und <u>während</u> des Öffnens:	*„Ich schaue schnell nach, ob alles heil ist"*
NIEMALS einen zweiten Umkarton öffnen, wenn der erste sauber war.	
Geldübergabe: Sagt hierbei der Kunde: DANKE	*„ich danke Ihnen"*
Verabschiedung	*„Danke Frau/Herr Meyer"*
Finden Sie allerdings darin einen *Fremdartikel*, diesen ohne Kommentar zur Seite legen.	Wenn der Kunde das reklamiert: *„oh Entschuldigung"*
JETZT aber öffnen Sie bei diesem Kunden einen zweiten Umkarton:	*„Ich schaue auch hier schnell nach, ob alles heil ist"*
Finden Sie in diesem ebenfalls einen Fremd-Artikel:	Kassenaufsicht rufen: *„Entschuldigung, ich habe mich vertippt"*
Kein Richter dieser Welt wird einen solchen doppelten Irrtum glauben.	

Ihr, die ihr euch bis hierher durchgekämpft habt,
habt meine ungeteilte Bewunderung.
Danke.
Ich -euer Autor- wünsche euch bei eurer Ziel-
Umsetzung ausschließlich Erfolge.

Sollte sich in diesen Seiten ein „Fehlerteufel"
Eingeschlichen haben, bitte ich um Eure
Entschuldigung.
Ein letzter Tipp:

„ENTSCHULDIGUNG"

Ein wunderbares Wort. Ein wirksames Wort, ein
machtvolles Wort, um aus einem Engpass
herauszukommen.
WENN:
>dieses Wort „ALLEINE" bleibt
>sich an dieses Wort KEINE
  Begründung anschließt:
>NIEMALS

Bleibt das Wort „Entschuldigung" ALLEINE, kann
dessen Empfänger –vielleicht- noch ein wenig
„herummaulen".
FEHLT aber die Begründung,
    >kann er sich an dieser auch nicht festhaken
    >kann er sich auch nicht an dieser reiben,
      aufregen,
    >kann er diese auch nicht kritisieren.

Konfuzius

Der schon einmal hier erwähnte chinesische
Philosoph, soll dann auch das letzte Wort haben:
sein zentrales Lehr- Thema war die menschliche
Ordnung, die seiner Meinung nach nur durch
Achtung vor anderen Menschen erreichbar sei.

Der Mensch hat dreierlei Wege

klug zu handeln:

1. durch Nachdenken,

das ist das Edelste;

2. durch Nachahmen,

das ist das Leichteste;

3. durch Erfahrung,

das ist das Bitterste.

Danke

VITA: Theodor Peter Kohpeiss

1939 –		
1973	Hamburg, Köln, München	Beamter, Zeit-Soldat, Verkaufsleiter Heirat - 2 Kinder, Scheidung
1974 –		
1980	Frankfurt/Main	Weltreisender, Fotomodel, Dressman Event- Moderator Schauspieler
1975		Heirat: mit der Malerin **GK** 1990 Geburt eines
Sohnes		
1981 –		
1994		Unternehmer
1995 –		
2007	Prenzlau / Uckermark	Unternehmer
2008		Privatier, Krebs
seit 2011		Lyriker, Song-Writer Buchautor

Bisher erschienen:
im BOD- Verlag, Hamburg-Norderstedt

>ZeitenWechsel   Gedichte *quer Beet*
>StubenFliegenTräume   Phantastische Gedichte
>MännerReime   Ferkelige Gedichte
>MenschenLeben   elegische Spiegel-Bilder
>GlobalPlayer   Zorniges über das HEUTE

in Vorbereitung:

Lyrik: HeimatLand   Balladen

Sachbuch: Charisma   Wirkung+ Erfolg

                Bewerbung   WIE schreibe ich WAS
                               WIE verhalte ich mich WO

Biographie: Theos Narben   Eine Zeitreise durch das
                               Schweigen der Eltern

116